I0166655

Début d'une série de documents
en couleur

OUVERTURES SUPERIEURE ET INFERIEURE D'IMPRIMEUR

Fin d'une série de documents
en couleur

LE
ROBINSON DES GLACES

1re SÉRIE IN-8°.

L'hiver nous trouva à l'abri (page 2?

ROBINSON

DES GLACES

PAR

ERNEST FOUINET

LIMOGES

EUGÈNE ARDANT ET Cⁱᵉ

ÉDITEURS

ROBINSON DES GLACES

I. — LA BOUTEILLE MESSAGÈRE.

La mer était calme et limpide comme un miroir; le soleil couchant tendait sur son azur une bande d'un rose légèrement pourpré qui flottait comme une écharpe au doux balancement des flots; tout se berçait, s'endormait; la plage, solitaire dans le jour, était plus solitaire encore à cette heure du soir. On n'y voyait que quatre personnes assises sur une petite éminence au pied de laquelle la mer, si tranquille jusqu'aux limites indécises de l'horizon, venait se briser contre quelques rochers en éparpillant une écume légèrement rougissante.

— Grand-père! grand-père! que cette écume est jolie! elle est rose comme le ruban de mon chapeau! s'écria en battant des mains une fille

de onze à douze ans qui faisait partie de la petite
société.

— Vous n'y voyez rien autre chose, petite sotte,
rien que la couleur de vos parures.

— Oh! moi, grand-père, reprit un garçon de
douze à quatorze ans, je vois qu'elle est bien forte
quoiqu'elle n'en ait pas l'air, puisqu'elle a creusé
ce rocher.

— C'est qu'elle est patiente, mon enfant, et que
rien n'est plus fort qu'une goutte d'eau qui tombe
toujours à la même place, et que l'esprit, même
le plus faible, qui pense toujours à ce qu'il veut
apprendre.

Et pendant que Corentin, le garçon, regardait
avec attention cette écume si légère qui avait donné
lieu à une si grave leçon de morale, Alix, la fille,
descendait tout à fait sur le bord, pour ramasser
les coquillages qu'y laissait la marée.

— Alix! Alix! se prit à dire d'une voix émue
la vieille Gotte, le quatrième membre de cette
paisible société; Alix! prenez garde à cette maudite
mer; je l'aimais bien autrefois, je m'y fiais comme
à une amie d'enfance; mais depuis qu'elle m'a pris
mon Guénolé, je la déteste et je la crains.

Puis, s'essuyant les yeux et sans rien dire de
plus, elle courut chercher Alix par la main pour la
ramener.

— Oh! laisse-moi encore un instant, bonne

Gotte; vois-tu cette lame qui avance en faisant le gros dos comme un chat en colère, et puis qui se retire en jurant? — Ah!

Cette exclamation fit tressaillir Gotte, et le vieux bonhomme Mahé, et son petit-fils Corentin, qui coururent pour voir ce qui venait d'arriver à Alix.

Ce n'était ni douleur ni accident qui lui avaient fait pousser ce cri; mais l'étonnement le plus naïf en voyant sortir de cette lame... quoi? Une bouteille.

— Une bouteille! une bouteille! s'écriaient à l'envi les deux enfants.

— D'où vient cette bouteille? répétait avec le même ébahissement la bonne Gotte, qui n'en avait jamais vu que sur la table de son maître; et que peut-il y avoir dedans? du vin de la mer?

Et pendant ce temps elle plaçait entre son œil et l'horizon la mystérieuse bouteille. Ce fut bien un autre cri :

— Mon Dieu! ayez pitié de nous! qu'y a-t-il dedans, monsieur Mahé? Et l'excellent M. Mahé, qui n'était guère ému par cet incident (la vieillesse ne s'émeut pas sans quelques réflexions,) regarda tranquillement à travers le verre brun un peu couvert de mousse et d'écume, puis il la remit à Gotte... C'est du papier...

— Et comment donc, s'il vous plaît, du papier en bouteille, grand-père?

— Ce n'est pas la première fois que je reçois des lettres par cette voie-là ; quand on a été pilote lamaneur pendant quarante ans, ajouta d'un accent d'humble contentement de soi le vieux Mahé...

— On a sauvé la vie à bien du monde... dit Gotte.

— Il n'y a que Dieu qui doit savoir ces choses-là, ma bonne : c'est pour lui qu'on fait le bien... mais... que voulais-je dire ?...

— Vous parliez de cette bouteille, grand-père.

— C'est vrai... c'est vrai... Je disais donc que j'en avais vu ainsi arriver à mes pieds.

— Mais qui les envoie donc ?

— Des naufragés quelquefois, qui chargent les flots de porter leurs adieux à leurs parents et à leur pays.

Gotte s'essuya les yeux encore, car l'idée du naufrage lui était effroyable depuis qu'elle ne savait plus de nouvelles de Guénolé. Mahé s'aperçut de son chagrin, et pour détourner son attention, il ajouta :

— Ou bien encore... c'est un matelot jeté sur une île déserte..

— Comme Robinson ! comme Robinson ! dirent en chœur Corentin et Alix

— Oui, cela s'est vu souvent, et un matelot a quelquefois réussi à annoncer ainsi à ses amis dans quel lieu il était relégué.

Et il fallait voir alors de quel œil avide les enfants contemplaient la bouteille mystérieuse; c'est
qu'il y avait là matière à une grande curiosité, et
pour leur apprendre à vaincre cette passion le grand-
père Mahé leur donna la bouteille à porter pour le
retour, car il faisait presque nuit et il fallait rentrer
à Saint-Gildas. Que de fois sur la route Corentin et
Alix formèrent tout bas le projet de laisser tomber
exprès la bouteille pour la casser et en voir sortir
les papiers si ardemment enviés!

— Nous dirons que ce n'est pas par notre
faute...

— C'est cela! curiosité et puis mensonge : une
faute entraîne l'autre.

Ils n'en firent rien cependant, et se contentèrent
de parler sans relâche de leur précieux fardeau,
qu'ils se prenaient, se reprenaient, tournaient et
retournaient de toute façon.

— Mais grand-père, dit Alix, quel bonheur que
cette bouteille soit venue, de bien loin peut-être,
sans se briser!

— C'est que la Providence la conduisait, mon
enfant, répondit Mahé.

— La Providence! remercions-la.

Gotte poussa un long soupir.

— Vous avez raison de la remercier, reprit le
grand-père, car il y a de pauvres enfants sans
guide, sans appui comme ce verre, abandonnés sur

la terre, qui est aussi dangereuse au moins que l'Océan; eh bien! ils ne se brisent pas parce que Dieu les regarde et les conduit.

Corentin et sa sœur baisèrent alors la bouteille mystérieuse avec une sorte de respect.

Et ainsi faisant, et ainsi causant, ils entrèrent dans la grande rue qui forme le bourg de Saint-Gildas de Rhuis; ils se signèrent tous quatre en passant devant l'église de Saint-Goustan, et bientôt ils entendirent des aboiements connus.

— Hermine! Hermine! dirent alors les enfants avec joie : elle nous a entendus de loin.

Et Hermine, magnifique levrette blanche, sauta aux mains de Mahé et de Gotte, au cou d'Alix et de Corentin, puis alla s'accroupir sous la table où le souper était servi.

Simple repas composé de quelques coquillages et arrosé d'un innocent vin de l'endroit, mais gai et sain comme tout repas où préside un bon appétit aiguisé par l'air de la mer au soleil couchant; auprès de la bouteille on plaça ce soir la bouteille messagère; pauvre voyageuse solitaire, triste exilée, elle ne s'était pas trouvée depuis longtemps sans doute dans une si délicieuse réunion, intérieur désirable plus que la vie dorée des palais. Enfant abandonnée, elle rentrait dans la famille qui, plus d'une fois pendant le souper, lui donna un regard hospitalier; puis quand vint le dessert et les *santés*

qui couronnent invariablement en Bretagne tout
repas, personne ne manqua de boire à la santé de
la bouteille.

Mais, en trinquant, soit que le vieux père Mahé
eût trop cordialement choqué, soit que le verre eût
été fêlé dans ses voyages, voilà qu'il tomba en plusieurs morceaux, et que le cahier qui y était étroitement renfermé se déroula, et les enfants poussè-
rent un cri de joie.

— Oh! donnez-le-moi, donnez-le-moi, grand-
père.

— Non, mes enfants, ce sera pour lire le soir
quand vous vous serez bien conduits dans le jour.

Nous allons commencer.

II. — LA FAMILLE.

— Oh! vous allez commencer! quel bonheur!
quelle joie! — et les enfants se jetaient sur le
cahier un peu jauni par l'eau de mer qui commençait à pénétrer dans la bouteille quand elle arriva
à bon port. Cet empressement fit que non-seulement ils se fâchèrent sérieusement, mais qu'ils
manquèrent de respect à leur grand-père. Or, l'excellent M. Mahé, bon et indulgent pour tout, ne
souffrait pas la moindre atteinte portée à l'autorité
paternelle, et leur déclara qu'il ne lirait rien de la

soirée. Il se châtiait tout le premier, comme il arrive souvent à des parents à qui il est pénible d'être sévères; c'est aux enfants à leur épargner cette peine en s'en épargnant une grande. La privation de la lecture, dont chacun s'était fait une fête, y compris M. Mahé et Gotte, rendit la maison bien triste pour toute la soirée.

Et les soirées étaient longues encore. Quand je vous ai montré la petite famille sur les bords de la mer, à l'heure du coucher du soleil, il n'était que six heures, car on se trouvait à la fin de mars; il y avait donc, même pour aller au lit à huit heures, une bonne heure et demie à passer à la lumière, les uns en face des autres, et c'est ennuyeux quand on a compté sur une bonne lecture dont on est curieux. Il fallait bien que Corentin et Alix fussent punis, et je vais profiter de leur longue pénitence pour vous faire le portrait de la société.

Respect aux cheveux blancs! Je commencerai par Mahé, car il en avait de magnifiques : ils étaient d'une blancheur si pure que toute une belle vie y apparaissait : elle avait été en effet bien belle. Elevé avec assez de soin, à Lorient, pour devenir armateur ou capitaine de vaisseau, il se décida, à l'âge où l'on doit entrer pour toute sa vie dans une carrière, à être pilote lamaneur, c'est-à-dire celui qui fait entrer au port, au milieu de difficultés et de périls qu'il a étudiés longtemps, les vaisseaux qui reviennent au pays. C'est une profession où l'on est bien utile à ses semblables, et c'est ce qui dicta à Mahé sa résolution. Etait-ce un amour naturel de faire le bien, une vocation, ou le résultat de quelque chagrin de famille ?

Peu importe la cause ; il se fit recevoir pilote lamaneur, et choisit pour s'établir un des passages les plus dangereux, l'entrée de la rivière de Vilaine, entre Arzal et l'abbaye des Prières, nom qui indique bien les périls de la mer sur ce point et la destination de ce saint lieu, fondé, dit d'Argentré, par le duc Jean Ier, *pour faire mémoire de ceux qui périssent à la côte de Bretagne.*

Là, depuis vingt jusqu'à soixante ans, il mena une utile existence, une existence vaste, immense, infinie, composée de toutes celles qu'il avait sauvées, et qui venaient chaque jour lui faire sentir combien vivre pour ses semblables est une bonne et belle chose. Mais lui qui, tant de fois, conserva la vie à des inconnus, il ne put soustraire à la mort sa femme bien-aimée, qu'il perdit après avoir reçu d'elle un fils, et ce fils devenu à son tour époux, père de Corentin et d'Alix, et veuf après leur naissance. Alors ce malheureux, pour s'aider à supporter ses peines en chrétien, se livra plus que jamais aux voyages de long cours pour le commerce de Lorient, et ce n'était que dans de rares et courtes visites qu'il voyait ses enfants Alix et Corentin·

mais il était tranquille, ils avaient pour les aimer
et pour les élever bien dignement leur grand-père
Mahé, qui en ce moment même leur donnait une
sévère leçon de patience en les privant de la lecture
trop ardemment désirée, et s'ennuyait cordialement
en la leur donnant, car il n'avait d'autre ressource
que la conversation de la bonne Gotte.

Gotte était une excellente femme; née paysanne,
et sans aucune culture, elle avait cependant acquis,
dans une longue vie passée près de Mahé, un esprit juste et une délicatesse de perception au-dessus
de sa classe; elle avait eu ses chagrins domestiques
aussi, et son mari, matelot au service de Mahé,
périt une nuit de tempête en entrant un bâtiment
dans la rivière, lui laissant un seul fils, Guénolé;
et Mahé l'avait élevé pour être son successeur.
Bien que la Providence eût disposé autrement de
Guénolé, Gotte ne fut pas moins reconnaissante des
soins de Mahé pour sa famille, et elle lui demanda
comme une grâce de ne plus sortir de sa maison;
le bon vieillard s'empressa d'accepter. Combien de
fois ne l'avait-elle pas éveillé au milieu de la nuit
pour aller secourir des naufragés? combien de fois
ne l'avait-elle pas aidé à ranimer des pauvres marins
battus par la tempête! Cette excellente femme était
un souvenir, une partie de ses belles actions; elle
ne pouvait plus être séparée de lui; elle n'avait
donc plus dans le cœur qu'un chagrin profond, in-

consolable : Guénolé ; et d'autres quelquefois, mais
ceux-là étaient passagers : les moments de mauvaise humeur et de conduite blâmable de ses deux
enfants. Elle les aimait tant! Bref, Gotte n'était
point une servante, elle était de la famille; et quand
Mahé ou les enfants l'appelaient *ma bonne*, cela
voulait dire : notre amie dévouée.

Quoiqu'ils aimassent bien leur amie, elle ne put
réussir de la soirée à les réconcilier avec le grand-
père; elle le désirait ardemment, car la lecture pro-
mise lui faisait battre le cœur d'avance. Je vous ai
dit pourquoi; aussi employa-t-elle tous les moyens
possibles pour ramener ses enfants. — Vous allez
voir, monsieur Mahé, qu'ils vont vous demander
pardon ! N'est-ce pas, mes mignons, que vous êtes
fâchés de ce que vous avez fait? — Voyons, em-
brassez votre grand-père. Rien n'y fit, et la pauvre
Gotte fut forcée de se résigner. Des enfants qui b ...u-
dent sont insupportables.

Aussi ne saurais-je vous peindre leurs deux
têtes; la tête brune de Corentin, la tête blonde
d'Alix, souriant entre les deux vénérables fronts
blancs de Gotte et de Mahé : c'était ainsi pourtant
à l'ordinaire, car les fâcheries étaient rares. Il n'y
avait pas alors de plus consolant spectacle que
celui d'un beau passé reflété par les calmes regards
des deux vieilles gens, et d'un avenir beau aussi, à
en juger par la bonté intelligente et vive qui bril-

lait dans les yeux des deux enfants. Quelle char-
mante union ! de bons souvenirs, de bonnes espérances ; oui, car Corentin et Alix étaient studieux
et profitaient avidement des leçons que Mahé donnait avec un discernement parfait, et avec autant
d'habileté à la fille qu'au garçon. De ces longues
heures de solitaire loisir il avait fait deux parts :
l'une, consacrée à l'étude des moyens d'arracher
le plus de malheureux possible aux périls de la
tempête ; l'autre, à de profondes méditations sur
l'éducation prudente et conservatrice qui fait entrer
l'enfance et la jeunesse au milieu de moins de dangers dans le monde. Il apprenait, on le voit, à
sauver des hommes toujours.

Hermine, la belle levrette blanche, rappelait à
tous les yeux, par sa robe éclatante, la noble
devise de l'hermine de Bretagne : *Plutôt mort que
souillure* ; Hermine était la seule gaie, la conso-
latrice : elle voyait bien qu'il y avait brouille, et
promenait son museau effilé sur les mains de chacun des muets assistants, comme pour leur dire :
— Allons, une poignée de main. Elle fit plus
même, elle alla jusqu'à gémir et à pousser de
plaintifs aboiements sourds.

Mahé, Gotte, les deux enfants, paraissaient comprendre dans ses plaintes qu'Hermine voulait que
l'on se raccommodât : c'est qu'elle entendait lire
tous les soirs, et que le silence actuel la gênait. Les

chiens ne peuvent supporter ce qui est étrange, et
pour l'amour d'Hermine tout allait se rapatrier
quand huit heures sonnèrent.

— Allons... la prière !... il faut se coucher, dit
Mahé en se levant. Corentin et Alix coururent tout
aussitôt se jeter à son cou et lui demander pardon
ainsi qu'à Gotte : ils étaient convaincus que leur
prière ne serait pas bonne tant que leur grand-père
serait fâché contre eux; il pardonna; ils prièrent
alors avec plus d'attention et de bonheur, et dormi-
rent en paix.

III. — UN JOURNAL.

Il fut curieux de voir, tout le jour qui suivit la
fatale soirée, comme Alix et Corentin se tinrent
paisibles, studieux et appliqués jusqu'à midi,
l'heure du dîner; ils furent d'une amabilité et
d'une rare attention pour leur grand-père Mahé
pendant la promenade habituelle, qui, cette fois,
eut lieu vers la pointe de la presqu'île, à l'extrémité
du village de Lomaria. Là ils étaient en face, séparés par un étroit bras de mer seulement, du célèbre
lieu de Komariaker, où le bonhomme Mahé faisait
remarquer à ses petits-enfants les énormes amas de
pierres et les blocs entassés par César lors de la
conquête des Gaules. Plus loin il leur montrait, et

il est probable qu'ils n'en voyaient rien ni les uns
ni les autres, il leur montrait les autels et les sé-
pulcres des druides sur la lande de Carnac. Il faut
convenir que les enfants étaient ce jour-là fort peu
sensibles aux démonstrations historiques, et ne pen-
saient qu'au journal de la bouteille messagère. Les
enfants veulent tout voir à la fois, tout dévorer; ils
ignorent qu'il n'y a que l'expérience qui rend patient, en enseignant à l'esprit l'art de classer et de
se faire une case pour chaque plaisir, dont alors il
jouit en paix. Il faut pour cela que le sang se calme
dans les contrariétés de la vie, et le sang de Corentin et d'Alix pétillait, bouillonnait; ils ne prê-
taient en conséquence l'oreille que d'un air fort dis-
trait aux récits romains du grand-père; leurs yeux
se tournaient continuellement vers Saint-Gildas,
quand Maló leur montrait Carnac; il s'en aperçut,
s'impatienta, et il fallait voir avec quel empressement l'excellente Gotte, terrifiée à la pensée d'un
nouveau retard dans la lecture, vint au secours de
ses enfants; elle était toute tremblante, et l'on peut
supposer que l'émotion de la bonne fille mit son
maitre de si bonne humeur qu'il pardonna sans hé-
siter, et que, pour éviter l'occasion de nouvelles
distractions et fâcheries, chacun prit par la main un
des enfants et on revint à Saint-Gildas.

— Asseyez-vous, Gotte, ici; Corentin près de
moi, à droite; à gauche Alix, et toi là, ma belle

Hermine, à mes pieds, et sois sage. On alluma alors, et Mahé tira de la poche de sa longue et vaste lévite le cahier bienheureux. Quelle attention alors! quels regards dévorants attachés sur Mahé! il était l'arbitre suprême à présent, et il commença au milieu du plus solennel silence.

Journal de...

Ici il s'arrêta.

— Est-ce que c'est mal écrit, grand-père? s'écrièrent les enfants en frappant presque du pied.

Par bonheur le grand-père ne s'en aperçut pas.

— Voyez, mes enfants, ajouta Gotte sans attendre la réponse de son maître, voyez ce que c'est que de mal écrire!

La pauvre femme ne savait ni lire ni tenir une plume : l'admonition était vraiment plaisante.

— Il faut y renoncer... pas moyen de lire, reprit Mahé après de longs efforts. C'est l'eau de la mer qui a rongé ce mot... peut-être des larmes... pauvre malheureux! là devait être son nom! passons alors.

Il commença cette fois.

« Me voilà seul... oh! bien seul! Le bâtiment a disparu tout à fait... Non... non... à l'horizon! que vois-je!... ah! ce n'est qu'un pic de glace qui a la forme d'une voile... C'est bien fini...'séparé de tout, du monde, de ma mère... »

— Il a une mère! s'écria Gotto... mais, pardon, je vous ai interrompu...

— Le malheureux! séparé de tout; du monde, de sa mère, comme mort à dix-huit ans!

— Mon pauvre Guénolé aurait cet âge-là... reprit Gotto...

Un coup d'œil de Mahé, et une secousse rude donnée à son jupon à gros plis par les enfants, qui faisaient la moue, lui imposèrent silence.

« C'est bien triste!... (Il y a encore eu une larme là, mais on peut lire cependant, ajouta Mahé, entre parenthèses.) J'ai mérité mon malheur, je m'y résigne, et le capitaine n'a pas été trop sévère encore. Il aurait pu m'abandonner sur une terre déserte comme celle-ci, mais sans ressources, sans abri. — Il m'a laissé une provision de biscuit, de patates, un vêtement de peau de veau marin, une peau d'ours blanc, et surtout la cabane où nous vivons réunis. Oh! que serais-je devenu sans ce toit et ce mur pendant l'hiver qui approche, quand l'été est si froid déjà. Ingrat que je suis! parmi les bienfaits du capitaine irrité, j'avais oublié l'encre qu'il m'a laissée, et les plumes, et tous les moyens d'écrire; oh! je veux tomber à genoux! »

— Qu'avait-il donc fait, grand-père? dirent les enfants à demi-voix.

C'est ce qui préoccupait fortement le lecteur
sans doute, car il ne répondit rien et continua.

« Et dès ce premier jour d'exil, je veux écrire
tout ce que je penserai, tout ce que je regretterai,
tout ce que j'aurai d'espoir si j'en ai jamais, afin
que, rentré par la clémence de Dieu au milieu des
hommes, j'aie toujours sous les yeux une leçon
grande et des paroles sévères pour me corriger.
J'ai failli commettre un crime; un crime! et qui
allait-il frapper? l'homme qui m'avait aimé par-
dessus tous les autres, qui avait entretenu et complété mes études pendant les loisirs du bord!
Qu'avais-je à faire autre chose que de bénir chaque
matin et chaque soir, après Dieu, le capitaine
Yves Mahé? »

A la lecture de ce nom, le cahier tomba des
mains du vieux Mahé, et il ouvrait la bouche pour
pousser un cri de surprise, quand les enfants, plus
vifs, arrêtèrent l'exclamation au passage.

— Yves Mahé! c'est le nom de mon père!...
s'écrièrent à la fois Alix et Corentin.

— C'est le nom de votre père... le nom de mon
fils.

Et Gotte était là, bouche béante, ne sachant que
dire : Ah! mon Dieu!... vraiment oui! voyez donc!

Le bonhomme Mahé se rappela en effet que son
fils était parti de Lorient pour la pêche de la baleine et des veaux marins, avec la mission de pous-

ser, dans l'intérêt de la science autant que dans celui du commerce, le plus avant au nord; et après
une assez longue digression sur la pêche de la baleine, qui ne divertissait pas les enfants et Gotte,
les impatients! il reprit avec plus d'intérêt qu'auparavant, on le présume bien.

« J'ai interrompu mon journal pour parcourir,
quoique je l'aie vu cent fois en entier, l'îlot où je
suis; mais qu'il est plus terrible et plus sombre encore depuis que je sais que j'y suis relégué pour la
vie! Par bonheur, cette vie ne peut être longue
pour moi; mes provisions s'épuiseront, l'hiver va
venir, et la nuit sans fin! Dans les fentes des masses de glace qui hérissent l'îlot de la Désolation
sous toutes les formes, droites comme des aiguilles,
comme des clochers, escarpés comme les rocs des
bords de la mer auprès de Penerf... »

— Il parle de Penerf, qui est si près d'ici!... s'é-
cria Gotte.

— Silence! silence!... répondit le lecteur... Un
matelot peut bien connaître toutes les côtes de Bretagne!

Et il continua.

« Oui, sur cette terre qui n'est pas encore trop
gelée, j'ai vu quelques herbes, quelques mousses,
une petite verdure... Oh! ma bonne et riche verdure des prés de Sarzeau et des bords de la Vilaine... »

Ici Mahé, pour prévenir de nouvelles interruptions de la part de Gotte, accompagnait chaque phrase, chaque mot, d'un léger mouvement de main semblable à celui dont on caresse un chien, tellement qu'Hermine prit le geste pour elle et tendit sa tête blanche; mais son maître était trop occupé du journal.

« Où sont mes premières années, quand j'allais avec ma bonne mère me promener du côté du château de Suciniu, le manoir de nos ducs? et pensais-je alors qu'aujourd'hui je viendrais mourir de froid sur l'îlot de la Désolation! Quand le soir venait dans notre presqu'île de Rhuis, c'était un concert dans les bois, un mugissement dans les prairies, et les beaux reflets du soleil couchant sur la mer aux doux murmures; ici plus de chant, plus de troupeaux rentrant du pâturage; des plages stériles partout, et bientôt la mer immobile, la mer silencieuse, glacée, et plus de soleil! Adieu mon pays d'Arzal, adieu ma pauvre mère que j'ai abandonnée, adieu ma cloche de Saint-Gildas... »

Pour le coup Gotte ne pouvait plus y tenir : — Comment! il est d'Arzal! il connaît Sucinio!... il a entendu la cloche de Saint-Gildas!... Pauvre garçon! Et pendant que la vieille bonne se livrait à ses exclamations, Mahé, dans un état d'émotion, ôtait ses lunettes, les essuyait, puis passait ses doigts sur ses yeux troubles, et essayait de lire quelques mots effacés encore. Il éclata tout à coup.

— Silence! silence! Gotte!... Et jetant le cahier
de côté, il l'embrassait; et voilà que Corentin prit le
journal, et continuant de lire :

« O ma mère Gotte!... ô pauvre Guénolé. »

— Il y a bien cela écrit.

Alors elle comprit et couvrit de caresses, sans
pouvoir dire un mot, les enfants; elle étouffait,
moitié de joie. Elle n'était point en état d'entendre
lire davantage ce soir, quand bien même Mahé eût
pu continuer : tout le monde était ému, et chacun
se retira après un bonsoir mêlé de larmes.

IV. — L'ILOT DE LA DÉSOLATION.

La pauvre Gotte ne dormit guère, vous le pensez
bien. C'était donc Guénolé qui avait envoyé cette
bouteille messagère! elle savait que Guénolé exis-
tait, elle savait où il était; oui, mais elle le savait
aussi exilé, séparé d'elle pour jamais: criminel,
il l'avouait. Guénolé criminel! lui qu'elle avait
élevé toujours devant Dieu, si honnêtement, si
pieusement! cette pensée la mit dans une affreuse
insomnie; elle avait la fièvre, son cœur était brisé,
et cent fois dans la nuit elle fut tentée de se soule-
ver, d'aller se jeter aux genoux du bonhomme
Mahé, et de le supplier de dire quel crime son fils
avait commis. Mais le réveiller, le pauvre vieillard!

cette pensée la retenait et ses tourments renais-
saient. Oh! si Guénolé coupable eût pu savoir
dans sa prison de glace et de rochers de quelle douleur il affligeait sa mère : le froid, les privations,
la faim, nul châtiment n'eût été aussi cruel pour
lui ; car il n'y a pas au monde de plus grande
peine que la conscience du chagrin que l'on cause
à une mère qui a tant souffert pour vous et vous a
tant aimé.

La pauvre Gotte était bien malheureuse, ainsi
ballottée entre la joie de savoir son fils vivant et la
douleur de le savoir coupable : c'était là une affreuse
perplexité; aussi, dès que le jour parut, elle s'é-
lança dans la chambre de Mahé et le pria de lui
dire quelle faute si grave avait donc commise Guénolé. — Oh! pour l'amour de Dieu, monsieur
Mahé, lisez-moi donc tout de suite la fin... la fin,
je vous en prie; si vous m'aimez, si vous avez pitié
d'une pauvre mère, nous me la lirez. Je ne connais
rien à toute cette écriture : c'est un grand malheur
pour moi aujourd'hui, ayez-en compassion; ce qu'il
a écrit en dernier, je vous le demande à genoux, car
ce sont ses plus fraîches nouvelles.

Ses supplications devenaient plus pathétiques par
degrés, et elle les termina en se mettant presque à
genoux, parce qu'elle voyait M. Mahé peu disposé
à céder à ses prières. C'est qu'il s'était fait une loi
de ne rien lire du journal qu'en commun; il lui

semblait qu'en lisant seul d'abord il lui ôtait une partie de son intérêt pour chacun, et quel intérêt n'avait-il pas pour eux tous! Les enfants y retrouvaient le nom de leur père, l'aïeul y revoyait son bon Yves Mahé, et Guénolé, Guénolé, l'enfant chéri, l'enfant unique de la bonne Gotte, y apparaissait à chaque ligne!

Cependant son bon cœur s'émut. Il réfléchit qu'une mère ne pouvait pas avoir une patience que lui-même s'imposait difficilement, pour arriver à un dénoûment inconnu tout à fait.

— Une mère qui ne verra plus son enfant peut-être! reprit Gotte en serrant les mains de son vieux maître.

Il n'y put résister, et courut aux dernières lignes du journal. Gotte le regardait avidement, et elle poussa un cri quand elle vit ses paupières se gonfler de larmes.

— Qu'y a-t-il? qu'y a-t-il, Monsieur? Est-il mort?

— Rassurez-vous, Gotte, c'est lui qui a écrit jusqu'à la fin; écoutez :

« 4 novembre. Je suis bien portant, mais je... »

— Ah! ici il y a quelques mots tout à fait rongés par les larmes, entièrement illisibles.

— Mon Dieu! que pouvait-il y avoir dans ces mots-là? Il racontait peut-être bien des malheurs.

— Non, non, c'était un adieu; il a pleuré, c'est tout naturel.

« Adieu, mère Gotte; si ce journal arrive jusqu'à toi, je t'embrasse; embrasse ce papier... Adieu!
adieu à M. Mahé, à tous mes amis; je t'embrasse,
mère... du courage! Dieu garde cette bouteille...
en mer! un dernier adieu auparavant... je... »

Encore deux mots effacés, et puis « Adieu! »

Mahé fit tout ce qu'il put pour essuyer les larmes
de la pauvre mère, et la consola un peu en lui an-
nonçant qu'il y aurait deux lectures, une le matin,
une le soir; et celle du matin devait commencer
aujourd'hui même après le déjeuner.

— Il reprit le journal où il l'avait laissé.

« O ma mère Gotte! ô pauvre Guénolé! » —
Nous sommes restés là

La malheureuse mère sanglotait si fort que
Mahé ne put continuer qu'au bout de quelques minutes.

« Mais je ne puis penser à la maison paternelle
sans verser des larmes; j'y étais si chéri, si caressé,
et je l'ai fuie au lieu de rester près de l'excellent
M. Mahé! (Ici le lecteur fit une courte pause et un
petit salut.) Que faire? j'étais emporté par une sorte
de folie, je perdais la tête quand j'entendais un
mousse de retour au pays raconter ses voyages, et
il me semblait que mon cœur s'en allait, et que je
me séparais de plus que de mon père et de ma mère
quand je voyais un navire prendre le large!

» Il y avait près de chez nous un mousse qui m'a

fait bien du mal... le petit Alain. Ma mère m'avait
bien défendu de lui parler. »

— Oh! certainement je le lui avais défendu,
murmura Gotte.

« Mais je l'allais trouver en cachette, et alors il
me racontait ses voyages à la côte d'Afrique; et
plus il me parlait de tous les pays étrangers, plus
j'avais envie de les voir, plus je devenais fou, moins
je pensais à ma pauvre mère; enfin un jour, j'a-
vais quatorze ans alors, je montai avec Alain sur
un bâtiment qui allait faire le tour du monde; le
tour du monde! c'était superbe pour un enfant, et
je ne pensais plus à ma mère : je désobéis, et que
de fois depuis ce jour-là j'ai pleuré en pensant à
elle! M'a-t-elle maudit? m'aime-t-elle encore? est-
elle vivante même? »

— Oh! oui... oui... non... oui... mon pauvre enfant, répondait en sanglotant à toutes ces tristes
questions la bonne Gotte. Elle ne pouvait qu'embrasser alors Alix et Corentin; c'était là sa plus
vive expression d'attendrissement et d'amour maternel.

« Enfin ce voyage autour du monde dura trois
ans, et, à peine de retour à Brest, je partis avec
Alain, comme la première fois, pour la Martinique.

J'avais dix-sept ans quand je revins, et, grâce à
l'instruction que j'avais reçue de ce bon M. Mahé,
j'étais pilotin. C'est en cette qualité que je rentrai

à Lorient, et je m'apprêtais à aller embrasser ma
pauvre mère quand j'appris qu'un bâtiment allait à
l'instant mettre à la voile pour la pêche de la baleine dans les mers du nord. C'était Alain qui me
donnait cet avis : il faisait partie de l'équipage. Oh!
des pays inconnus! Alain, mon camarade toujours!
Je balançai, j'avais tant le désir de revoir ma mère,
d'être à genoux, de lui dire : — Pardonne-moi;
je t'aime bien! — Mais ce voyage nouveau, ce nord,
ces terres inconnues, tout m'attirait d'un côté, tandis que de l'autre il y avait ma mère!... J'éprou-
vais alors le tourment qu'un morceau de fer que
l'on retiendrait loin de l'aimant, qui l'attire avec
force, éprouverait s'il avait une âme. Eh! viens!
encore ce voyage, me disait Alain, ce sera le dernier, et puis nous reviendrons au pays pour ne plus
le quitter jamais. Allons... le vent est bon, on va
mettre à la voile. Plus de réflexions alors; le vent
ne pouvait m'attendre, je ne sus pas résister, et
j'oubliai le pays encore. J'étais plus heureux pourtant cette fois, j'avais pour capitaine M. Yves
Mahé. »

— Mon père! mon père! répétèrent en battant
des mains les enfants; et ils écoutèrent avec une attention où il y avait de l'amour filial.

« Nous eûmes bientôt passé l'Ecosse et les Orcades, puis les Shetlands. Une nuit nous vîmes à
l'horizon une grande flamme, et il faisait bien froid

cependant : c'était l'Hécla ; nous doublâmes l'Islande et côtoyâmes le Groënland jusque par le 78° degré de longitude. Le Groënland, la *terre verte,* était en effet verdoyante alors, car l'été commençait pour finir bien vite ; il n'en était pas moins superbe, et la pêche fut abondante. Une île déserte, que l'on nomme *l'Ilot de la Désolation,* fut notre magasin, et nous nous mîmes à extraire l'huile de baleine ; nous nous hâtions, car nous espérions rentrer en Europe avant l'hiver ; mais il fut cette année très-précoce ; la pêche n'avait pas été heureuse, et nous reconnûmes bientôt la nécessité d'hiverner sur l'Ilot de la Désolation.

« Ce n'est qu'alors que nous apprîmes que les instructions du capitaine l'obligeaient à rester en ce lieu pendant l'hiver pour faire des observations utiles à la science. Je commençai alors à me repentir d'avoir entrepris ce voyage. Avais-je déjà le pressentiment qu'il me serait fatal de tant de manières ? La pensée de ma mère et de mon pays me revenait comme un reproche, et j'étais tourmenté d'un violent désir de quitter ces tristes parages ; il fallait cependant se résigner pour cet hiver que nous y devions passer. Cette nécessité avait été prévue : nous étions pourvus des provisions nécessaires pour que l'équipage pût se nourrir et ne pas mourir de froid, et le navire était muni de toutes les bordures de fer indispensables pour ne pas être brisé par les gla-

ces. La maison que j'habite et que j'habiterai jusqu'à mon dernier soupir... »

Ici on entendit dans la salle un soupir bien douloureux...

« Cette maison fut bâtie par nous tous en solides
charpentes que l'on revêtit de feutre, de terre ou
de mousse à l'intérieur, pour empêcher autant que
possible le froid de pénétrer; un large poêle fut
placé au milieu de la seule chambre qui composait
notre logement, et les hamacs étaient suspendus à
l'entour. Le vaisseau était à l'ancre tout-à-fait près
de la côte; il suffisait de quelques coups d'aviron
pour s'y rendre de la terre, et bientôt il n'y eut
plus besoin de chaloupe, car la glace nous fit un
pont inébranlable. Il était nécessaire qu'une com-
munication facile existât entre nous et le navire,
car toutes nos provisions y étaient comme dans
notre grand magasin, et de temps en temps on y
faisait quelques voyages. Bref, l'hiver nous trouva
à l'abri; et avec du charbon de terre abondamment,
et des vivres conservés, la saison rude dans ces
climats se passa donc assez doucement. Le capitaine
Yves Mahé (les enfants sourient) nous racontait ses
nombreuses aventures de mer, et nous ne faisions
guère attention alors aux ours et aux loups blancs
que nous entendions frôler les murs et la porte bien
solide. Quand, malgré le grand feu, j'avais bien
froid, je m'approchais de mon camarade Alain

comme d'un bon poêle, car il me réchauffait en
me redisant les chaleurs de l'Afrique et des côtes
de la mer Rouge qu'il avait parcourues : cela me
faisait du bien; ou quelquefois encore je cherchais
à me rappeler mon berceau d'enfant si chaud et le
giron de ma mère, et je supportais les rigueurs de
ces contrées en me promettant de revenir à mon
pays de Bretagne l'année suivante.

» L'hiver allait finir : nous nous réjouissions
tous, quand un soir le capitaine nous annonça que
pour compléter la cargaison il faudrait peut-être
passer un autre hiver dans ces parages. Oh! c'en
était déjà trop d'un hiver pour beaucoup d'entre
nous; je ne pouvais plus entendre parler d'un
second hiver passé là. Un an encore loin du pays!
loin de ma mère Gotte! après avoir compté chaque
jour qui finissait, en me disant avec joie : C'est
un de moins, je n'en ai plus que tant à rester ici!
Et le capitaine nous condamnait à une année encore! Un grand silence répondit à cette déclara-
tion inattendue; mais chacun de nous en fut frappé
au cœur. Nous connaissions la sévérité du capitaine, et nul ne répliqua : mais il fut bien décidé
entre nous que nous ne nous soumettrions pas à
cette seconde épreuve. J'étais le plus ardent à sou-
lever la révolte, et pour y réussir je me servais
des avantages que me donnait sur ces hommes
grossiers l'éducation que j'avais reçue, comme si

l'on devait l'employer à autre chose qu'à conseiller le bien ! Je suis puni de cette faute. »

— Cher enfant !... murmura encore Gotte.

« Je fis entendre à l'équipage que les ordres du capitaine étaient injustes, puisque nous étions hommes libres comme lui, et que c'était un droit de ne s'y pas soumettre. Me voici donc arrivé à l'aveu de mon crime ! L'été recommençait et la mer était libre des glaçons énormes qui l'encombraient, quand, un matin que le capitaine était à la chasse avec le second et quelques pilotins, je réunis l'équipage, ceux qui restaient à bord, veux-je dire, et c'étaient tous hommes grossiers, sans culture, faciles à séduire ; j'abusai de leur ignorante confiance en moi ; je leur rappelai leurs femmes, leurs mères, leurs cabanes du pays. Il faut y retourner, leur dis-je ; le capitaine est absent avec les officiers ; voici l'occasion, il faut couper le câble qui retient le bâtiment à bord, et partir tout de suite. — Le capitaine ? Le capitaine voulait rester ici... il y restera. »

— O pardon, pardon, M. Mahé ! s'écria Gotte en tombant à ses genoux, comme si la faute était la sienne, tant elle était bonne mère et vivait pour son fils. — Oh ! pardonnez-moi au nom de votre fils, le capitaine Yves Mahé ! Le vieux Mahé la releva sans mot dire : il y avait une si extrême émotion pour lui dans ce passage du journal !

« Je saisis une hache, après être monté à bord
le dernier, et je coupai le câble. Nous prenions le
large assez vivement, quand le capitaine, qui revenait à la maison, vit ce qui se passait du haut d'une
petite éminence. En un clin d'œil, il était seul dans
la chaloupe et faisait force de rames à notre pour-
suite : c'est qu'il était indigné, c'est qu'il avait le
sentiment de son devoir. — Oh! je suis châtié! je
voulais le séparer à jamais de ses enfants, de son
cher Corentin, de sa bien-aimée Alix, dont il nous
parlait avec tant de bonheur, et c'est moi qui suis
séparé de ma mère! — Il nous atteignit bientôt, et
nous reconnûmes alors qu'il y a une puissance
irrésistible dans la volonté ferme et les reproches
d'un homme de bien : il ne dit que quelques mots
de commandement, sauta sur le navire, et nous
ramena à terre.

« Il voulut alors punir tout l'équipage; j'étais le
seul coupable, puisque la pensée était venue de moi;
je le déclarai tout aussitôt. . »

— A la bonne heure! brave garçon! j'aurais
presque envie de lui pardonner, et mon fils lui pardonnerait aussi, j'en suis sûr

— N'est-ce pas, monsieur Mahé, reprit Gotte
ravie de voir son garçon un peu réhabilité, n'est-ce
pas que c'est bien de n'avoir pas voulu laisser punir
ses camarades?

« Le capitaine m'a condamné alors à l'exil auquel
je l'avais condamné... »

L'émotion de l'auditoire fit que Mahé ferma le cahier.

V. — LA PRISON DE GLACE.

La promenade était terminée, la lampe allumée dans la salle basse, et tous, auditeurs et lecteur, étaient à leur poste ; mais, depuis la dernière lecture, Gotte avait vingt fois au moins demandé grâce à Mahé pour son pauvre enfant, qu'elle ne reverrait peut-être jamais. Il lui serait impossible de se consoler, disait-elle, de le savoir mort sans avoir eu son pardon.

« Le capitaine Yves Mahé ne me pardonna point ; » c'est là que Mahé reprit le journal.

« M. Mahé ne pouvait prudemment laisser cette extrême insubordination impunie ; j'avais donné un mauvais exemple ; je devais, pour l'expier, en donner un bon à l'équipage, en lui apprenant par ma punition à respecter le capitaine. J'aurais fait comme lui à sa place, parce que, capitaine chargé de la sûreté de tous, responsable de leurs têtes devant Dieu et devant les hommes, j'eusse été coupable de permettre que l'homme expérimenté fût exposé par la main du fou ; je savais la sévérité des lois de la mer, je les ai bravées : je n'en puis vouloir au capitaine. Eh ! qu'aurais-je fait de tant d'hommes livrés à mon inexpérience? je les aurais perdus : du moins ils sont sauvés!

» Les opérations du chargement ayant été termi- nées plus tôt qu'il ne l'espérait, voilà trois jours que le bâtiment a pris le large, trois jours que j'ai vu disparaître les voiles, trois jours que j'écris ce journal. C'est aujourd'hui le 24 août, je le sais, car j'ai conservé mon almanach de Bretagne, celui qui me disait quand venaient les foires de village et les joyeux *pardons*. Que j'étais heureux ces jours-là! ma mère me parait : j'avais toujours alors quelque chose de neuf pour aller aux fêtes et aux rondes; je revois tout cela en lisant mon almanach, et je pleure. C'est aujourd'hui le 24 août, et l'année dernière, le 24 octobre, je l'ai noté, ce fut pour nous un coup terrible. Dès le matin d'une nuit qui avait été glaciale, Alain, dont le corps était trempé comme l'acier, sortit et rentra bientôt en s'écriant : *Baraka Allah!...* C'est l'exclamation favorite des Maures de la côte d'Afrique... *Allah Baraka*, capitaine! nous sommes en prison, entourés de glaces de toutes parts.

» Cette nouvelle, qui n'eût point dû nous affliger beaucoup puisque nous ne comptions plus remettre à la mer, frappa tout l'équipage d'une sorte de stupeur. C'était une barrière de plus entre nous et le pays; les flots ou lames qui se formaient sur nos côtes allaient peut-être expirer sur les écueils de

Bretagne, et l'on faisait de beaux rêves en les voyant partir; mais alors plus de vie, plus de mouvement; le silence, la mort.

« Je serai peut-être ainsi captif dans deux mois, et un mois plus tard ce beau soleil qui brille tant et si longtemps encore disparaîtra, et tout sera glace et ténèbres. »

— Oh! que je voudrais donc le tenir là sur mon cœur!... il n'aurait pas froid là, disait Gotte avec de gros soupirs.

« La glace était si solide que dès le lendemain nous n'eûmes plus besoin de chaloupe pour aller à la provision sur le bâtiment, ce que nous faisions de temps à autre, précédés de notre bon chien Lap, que nous avions amené d'Islande, superbe créature à longs poils et à dents blanches comme la neige, excellent animal, ami précieux dans notre solitude. Le pont transparent sur lequel nous marchions était bien fort, puisqu'il put nous porter, Alain, deux autres matelots et moi, chargés d'une énorme caisse de terre où croissait un beau romarin en arbre, et nous vînmes l'établir près du poêle pour qu'il pût vivre pendant l'hiver. Quel bonheur c'était pour nous de regarder ce romarin! notre imagination le grandissait, elle en faisait un tilleul, un chêne, un marronnier du pays; il nous semblait revoir les beaux vergers de Bretagne; ou bien si son odeur pénétrante nous arrachait à nos illusions en nous montrant un simple romarin, nous pensions au dimanche des Rameaux, où chaque fidèle en tient en main une branche; nous pensions aux tombeaux, dont il est l'arbuste favori.

» Quelques jours après ce terrible 24 octobre, nous eûmes de bien grands tourments. Plusieurs rennes s'étaient approchés de la maison, et un de ces animaux ayant été blessé, quelques-uns de nos hommes le suivirent avec acharnement. On ne remarqua point leur absence jusqu'à trois heures, époque du coucher du soleil, et terme fixé pour la rentrée de chacun; mais quand se fit l'appel, quatre hommes manquaient; Alain était du nombre : lui qui avait tant souffert des chaleurs du Sahara, comment pourrait-il résister à ce froid? Nous étions dans la plus vive inquiétude, et les chronomètres marquaient cinq heures. Aucun bruit n'annonçait le retour de nos amis; tous les sons que l'on entendait étaient au contraire de nature à nous désespérer. Un vent horrible soufflait, des tourbillons épais de neige tombaient, et le froid était d'une vivacité insupportable. Pour leur signaler le chemin de la maison, nous agitions en l'air des lanternes au bout de longues perches : c'étaient des phares improvisés que voilait par malheur l'épais brouillard de neige. Le capitaine lançait par intervalles des fusées volantes, et tous nous criions les noms des quatre malheureux que répétaient seules les montagnes de glace qui nous entouraient; nous ne voyions rien, nous n'entendions ni un bruit ni un pas lointain.

» Nos cris recommencèrent; à la fin une voix leur répondit :

» *Bissim Allah !* c'était une exclamation africaine encore, c'était Alain : mes camarades égarés étaient donc retrouvés! Ils rentrèrent alors avec nous dans la maison, et jamais je n'eus une joie semblable. Oh! si; quand un soir, une nuit, j'étais perdu dans la lande du côté de Muzillac et que l'on me cherchait tant, que je fus heureux quand je vis dans le lointain une lanterne qui venait de mon côté! J'avais peur des revenants, des loups-garous, que sais-je! j'étais si enfant et l'on m'avait tant raconté d'histoires à effrayer les bonnes femmes. Je répondis à cette clarté par un cri de joie, et je fus bientôt de retour à la chaumière. Que le feu était bon et clair! comme ma mère m'embrassait! comme elle grondait! comme elle pleurait !... comme elle riait aussi ! »

— Oh! j'en ris et j'en pleure encore, dit Gotte en suffoquant... j'étais si en colère et si heureuse... maudit... cher enfant!...

Mahé s'était arrêté un instant pour laisser un libre cours à ces touchantes et naïves réminiscences; il reprit enfin :

« Nous étions si contents de revoir nos camarades, et le capitaine surtout, qu'il ne songea pas à les reprendre : ils avaient désobéi et manqué à la discipline pourtant; du reste, les malheureux en étaient punis : tous les nez et les doigts se trouvèrent gelés. Alain seul avait résisté, parce qu'il était actif et ardent; il avait dit au froid : Tu ne m'engourdiras pas; et le froid n'avait pas agi sur lui, car la résistance de l'âme fait le corps capable de résistance; puis il leur parlait, pour les ranimer, de l'Arabie aux sables brûlants, pendant que leurs pieds gelaient sur la neige; il leur disait combien étaient ardents les rayons du soleil d'Afrique, pendant que le vent leur coupait le visage en y lançant des flocons de neige. Lap était de la partie, et quelle fête il nous fit au retour!

» Oh! que le capitaine ne m'a-t-il laissé au moins un bon chien qui vivrait avec moi, m'aimerait et me caresserait! »

Ici Alix se tourna vers la belle levrette et la regarda d'un œil si plein d'affection, que la blanche Hermine se dressa sur ses hautes pattes de derrière, et son long museau fit une apparition soudaine entre Mahé et Corentin. — Est-ce que tu voudrais aller consoler Guénolé, mon Hermine? dit Corentin en lui passant la main sur le front et le dos. Hermine répondit en allant s'accroupir au coin du foyer, où il n'y avait pas de feu ce soir-là.

— Tu ne veux pas t'en aller, n'est-ce pas, Hermine? dit alors le vieux Mahé en se levant; et l'on se dit bonne nuit.

VI. — LA NUIT DE NOEL.

« Je me rappellerai toujours que, le 17 décembre, Alain me fit quitter un poêle presque rouge, qui pourtant n'empêchait point la chambre d'être froide. Il voulait me faire voir à midi le ciel tout parsemé d'étoiles comme dans une belle nuit d'été.

» Quand vint la nuit du 24 décembre, la nuit de Noël, nous la célébrâmes à la façon du pays. Mais, avant nous, le ciel la signala par un éclatant météore, et pour le voir personne ne craignit de s'exposer à un froid mortel : la lune était magnifique alors sur l'horizon, et je regardais avec extase cette blanche lumière se détachant comme un glaçon sur le ciel d'un azur foncé, et se confondant sur la terre au nord, sur la mer au sud, avec des neiges sans bornes, ou apparaissant tout à coup sur les cimes des pics de glace...

» Tout-à-coup nous vîmes jaillir à l'angle droit, droit de quatre côtés de la lune, un rayon de lumière blanchâtre, ce qui formait une croix... »

— La croix de Noël, bon Jésus! le bois du Calvaire exposé dans les cieux! la messe de minuit de là-haut! dit Gotte en joignant les mains.

— C'était un parasélène, répondit Mahé.

« Nous nous prosternâmes tous alors à genoux sur la terre gelée, priant malgré le vent glaçant qui nous coupait le visage, et en vérité nous eûmes quelque peine à nous relever; nos genoux commençaient à s'attacher à la glace; enfin nous avions eu une image céleste sous nos yeux, et nous rentrâmes près du bon feu.

» Chacun se rangea autour de la table, où étaient servis des plats conservés; il se trouvait là des mets qui avaient non-seulement fait la traversée, mais cinq ou six fois le voyage de Cayenne, mais deux fois le tour du monde; des boudins frais comme s'ils venaient d'être faits à l'heure même pétillaient et bruissaient sur le brasier flambant, car nous avions notre bûche de Noël, un énorme tronc de pin que le flot nous avait jeté quand la mer était libre encore; le capitaine l'avait même consacré, avant d'y mettre le feu, en y jetant du sel. Nous tâchâmes de nous rappeler le pays le plus possible par ce réveillon : mais jamais il n'y en a eu de si beaux que ceux d'Arzal dans notre chaumière bien chaude, bien remplie; ma mère chantait les noëls et nous répétions en chœur... »

— Oh! c'est vrai, c'est vrai... pauvre garçon! Vous entendez bien d'ici la voix de Gotte.

« Dans notre île de glace nous chantâmes aussi des noëls...

» Et puis, en jouant aux noix comme dans le

pays, nous ne parlions que de cette bonne Bretagne et de la presqu'île de Rhuis et du Morbihan.
Cette nuit-là Alain n'eut pas la parole : que nous
faisaient l'Arabie, ou l'Afrique, ou la Chine? C'é-
tait la nuit de Noël, la nuit du pays, la nuit de
Bretagne, la nuit de ma bonne mère; ainsi je ne
parlais que d'elle et de ce cher M. Mahé, qui doit
être bien vieux. »

M. Mahé avait commencé le salut d'usage, de
même que le prédicateur s'incline en prononçant un
nom sacré, quand il s'arrêta tout à coup pour dire :
Bien vieux... mais bien portant !

— C'est ce qu'il voulait ajouter, répondit Gotte
pour son Guénolé.

« Nous étions ainsi doucement occupés du pays,
que nous désirons tant revoir, et nous ne songions
guère au sommeil.

» — N'avez-vous pas entendu gratter? dit un
de nous.

» — Non. Nous écoutâmes. Rien.

» La conversation recommença, et au bout de
deux phrases à peine fut suspendue encore.

» — Certainement on a gratté...

» — Ah! oui... c'est vrai, répondis-je, mais je
sais ce que c'est : c'est quelque renard blanc qui
fouille au long du mur pour trouver des souris blanches qui fourmillent ici.

» Mon observation fut admise, et la conversation

fit place aux rondes; un vieux matelot avait une, vèze dont il jouait à joues gonflées, pendant que nous mêlions rondes et vives bretonnes, bretonnes et rondes tournoyantes. Certes c'était la première fois qu'un hiver du pôle nord était si joyeusement troublé dans son silence de glace et de mort : il n'y manquait que les amis et les parents.

» Enfin on commençait à se lasser, à avoir chaud même, et il y eut entre deux rondes un intervalle assez long, du silence par conséquent, et voilà que l'on entendit encore un grattement à la porte et aux murs.

» — Mais ce n'est pas un renard, à coup sûr dit alors le second.

» — Lap peut-être, ajouta le capitaine.

» Le mousse avait entendu, assurait-il, un de ses petits grognements, et le corps qui frôlait la porte était celui d'un animal de la taille de ce bon chien : oh! oui, c'était Lap. Mais non.

» — Le voici, dit Alain en nous le montrant couché moitié sous le poêle.

» — Mais quel est donc ce grattement alors? répliqua le capitaine.

» — Attendez, je vais entr'ouvrir la porte pour voir ce qui en est, dit Alain pendant qu'une nouvelle ronde commençait, et il courut à la porte, qu'il poussa légèrement. Oh! quelle épouvante!

» Un animal passa une patte garnie de bonnes

griffes entre la porte et le mur, et on entrevit une tête aux oreilles droites, aux dents longues en double rang, aux yeux de sang brillant à la lueur de la bûche de Noël, le nez tendu en avant; ses poils blancs autant que la neige étaient hérissés comme des dards. Il allait s'élancer.

» La vèze cessa... C'était un terrible loup blanc, et le brave Lap s'élança sur lui du fond de son chaud recoin.

» Nous avions deux fusils chargés... Le capitaine et le second nous eurent débarrassés du loup blanc avant qu'il eût franchi le seuil... »

— Quel bonheur! s'écria Gotte.

— Ecoutez, ma bonne, dit Mahé, écoutez jusqu'au bout; j'ai deux lignes à lire encore pour achever la page.

« — Nous n'aurons plus d'aussi désagréables visiteurs, je m'arrangerai pour cela, dit le capitaine.

» Mais à présent, quand l'hiver et l'obscurité vont venir, moi qui suis sans armes! »

— Au lit! dit le lecteur en fermant le cahier... A demain.

VII. — L'HERBE FRAICHE.

— J'espère, monsieur Mahé, que vous ne sortirez pas ce matin; quel coup de vent! dit Gotte en amenant les deux enfants dans la salle. Le chasse-

marée de Guérec a échoué près de la côte de Mes-
quer. Personne n'a péri, par bonheur. Ah! mon
Dieu! Monsieur, j'ai bien besoin de savoir la fin
de ce récit! vraiment oui! j'ai rêvé toute la nuit de
cet îlot de la Désolation.

— Et des loups blancs, ajoutèrent les enfants en
ouvrant de grands yeux.

— Oui... et de mon pauvre Guénolé, qui va
être livré à ces maudites bêtes tout un hiver! tout
un hiver à la merci de ces créatures-là... Mon
Dieu! sans armes, que deviendra-t-il? C'est terrible toujours, et je n'en dors plus; oh! si je pouvais
y aller, monsieur Mahé; voyez donc s'il a été dévoré! — Je suis folle : aurait-il pu envoyer son
journal? — Et pendant ces tendres exclamations,
M. Mahé avait ouvert le cahier, cherché le passage
où il avait quitté, tout en se dérouillant la voix; il
l'avait trouvé enfin; il reprit.

« C'est ainsi que finit la nuit de Noël, car la visite du loup blanc avait tout à fait dérangé la danse,
les rondes et les conversations; on alla donc se coucher, et cette nuit-là je rêvai de ma mère, je lui
demandais pardon, et je me réveillai en pleurant;
je n'avais alors à demander de pardon qu'à Dieu et
à elle. A présent c'est celui du capitaine Yves Mahé
que j'implore. »

— Ce malheureux enfant, comme il se repent de
bon cœur! dit Gotte.

— Il a bien raison de se repentir, dit le grand-
père en regardant ses enfants; Dieu pardonne tout
au repentir sincère, et puis ce sentiment fait tant
de bien à celui qui a commis une faute! elle est
déjà demi-réparée, puisqu'elle pèse moins sur sa
conscience, et c'est la conscience qui châtie le plus
cruellement les fautes, de même qu'elle leur accorde
à la voix du repentir le plus consolant pardon. Le
reproche, pour être pathétique, semblait un peu
long à Corentin, à Alix, à la pauvre mère surtout,
qui ne vivait plus que du journal où vivait son enfant. Mahé rouvrit alors le cahier qu'il avait tenu
fermé sur un de ses doigts, qui faisait l'office d'un
signet.

« Le 1er janvier... le jour de l'an, le jour des
étrennes, je trouvais sous mon chevet des gâteaux
et des *fouasses*, et puis au réveil les caresses de ma
mère, à qui je souhaitais de bonnes et longues
années; et j'ai oublié tout cela, ingrat que j'étais!
Ce jour-là fut bien différent sur notre îlot de la
Désolation : un vieux matelot de Lorient, nommé
Joël, celui à qui appartenait Lap, tomba malade.
Le chirurgien déclara que son mal était sérieux,
et qu'il était menacé du scorbut.

» Le scorbut! c'était, dans notre position, le
mal le plus horrible qui pût venir affliger notre
petite société, restreinte dans un si étroit espace;
cette maladie est contagieuse, et il était impossible.

qu'elle no nous atteignît pas tous, vivant l'un si près de l'autre, et du même air si peu renouvelé. Il n'y avait pas ici moyen d'être lâche et d'abandonner notre pauvre ami ; nous étions comme sur un vaisseau à l'heure d'un abordage : il faut périr sur le pont par le fer, ou y échapper en se noyant ; de même il fallait courir dans notre maison les imminents périls du scorbut ou aller au-dehors expirer dans les tortures du froid le plus rude ; mais je suis convaincu qu'il n'était pas besoin de cette alternative pour forcer le dévouement de qui que ce fût d'entre nous ; c'est si bon d'être dévoué ! ce sentiment élève l'âme et lui fait du bien en la portant plus près de Dieu ; et puis, qui pourrait laisser sans secours un homme, son semblable, ne fût-ce que dans la crainte d'être atteint du même mal que lui ?

» Aucun de nous ne s'éloigna donc du chevet du pauvre Joël ; une fièvre ardente, en exaltant sa tête, lui épuisait le corps, disait le chirurgien, et c'est ce qui fait qu'il ne pouvait supporter le lit ; il ne pouvait se tenir sur ses jambes.

» Dévoré par la brûlante âcreté du scorbut, il nous demandait sans cesse un peu d'herbe fraîche, du cresson, de l'oseille ; mais comment faire sous ce climat inflexible, sur cette glace où il n'y avait pas un seul coin de terre ? On ne savait à quel moyen avoir recours. C'est moi qui fus heureux

alors, car je pouvais venir au secours du pauvre
malade. En partant de Lorient, j'avais, comme je
l'ai dit, embarqué un pied de romarin, et la grande
caisse qui le contenait, et que nous avions depuis
longtemps établie près du poêle, était remplie d'excellente terre de bruyère ; cette terre, c'était le pays,
c'était ma mère. Le romarin mourut malgré le feu ;
mais la terre se trouva bonne encore. Le capitaine,
avant son départ, s'était muni de graines de cresson et d'oseille ; on les sema, et la caisse placée
près du poêle était sous l'influence d'une chaleur de
serre chaude.

» Quels regards d'intérêt chacun de nous, depuis
le capitaine jusqu'au mousse, tenait fixés sur cette
terre où était renfermé le salut de Joël et le nôtre !
Nous ne voyions rien paraître encore, mais le chirurgien trompait notre impatience en nous racon-
tant les merveilleuses opérations de la graine sous
la terre ; comment elle se pénètre de la vie qui est
moitié dans le sol, moitié en elle, douce chaleur qui
fait qu'elle s'ouvre doucement ; et puis un germe
inaperçu s'anime, se gonfle, monte, monte, et un
matin il perce la terre. Joël joignait les mains et
priait en entendant de si curieux détails.

» Ce fut le matin du 4 que la petite tige verte
commença à se montrer, et le malade était le plus
attentif de nous tous à cette apparition bienheureuse : pour lui c'était comme un symptôme, un

présage de résurrection, de vie nouvelle, de retour
à la santé; tout ne mourait point dans ce pays; il
pouvait donc conserver de l'espérance encore!

» Il en avait grand besoin, car en se retournant
péniblement du côté du capitaine :

» — Capitaine, lui dit-il, quel jour aurons-nous
le soleil?

» — Le 2 février, répondit-il.

» — Ah! le jour de la Chandeleur!... dit alors
le malade... que je voudrais aller jusque-là... revoir
le soleil... un peu de soleil... »

— Le brave homme! dit Gotte en s'essuyant les
yeux pendant que Mahé fermait le cahier.

VIII. — LE GATEAU DES ROIS.

« Le 6 janvier, l'herbe était déjà assez grande
pour que Joël pût le matin en manger un peu : cette
fraîche nourriture lui fit du bien; elle calma le feu
qui le desséchait. C'est là, dans ces arides contrées,
sur des neiges et des glaces infertiles, que l'on
adore le Créateur dans le moindre brin d'herbe qu'il
donne à la terre. Joël sortit de son lit pour tomber
à genoux devant cette bienheureuse verdure qui
lui rendait la santé, la vie, l'espérance de revoir la
Bretagne, et lui rappelait les prairies où il jouait
enfant.

» Il se portait véritablement beaucoup mieux, et

la joie que nous en ressentions fut double, en premier lieu parce que nous l'aimions; ensuite, comment aurions-nous pu faire les Rois si son état eût
empiré? Les préparatifs de la fête de famille, au lieu
d'être suspendus, furent donc poussés plus active-
ment encore. Le cuisinier avait préparé un large
gâteau, et à grand'peine en vérité; il était obligé
de se tenir presque dans le feu, car dès qu'il lui
arrivait de s'en écarter, la pâte gelait tout aussitôt.
Chacun de nous fit son plat pour rendre le dîner
magnifique, et Alain, fidèle à ses traditions de l'O-
rient, nous prépara des coubbehs, espèce de boulet-
tes que l'on fait sur les bords de la mer Rouge
avec de la chair de chevreau ou de chamelle ha-
chée; mais à défaut de chamelle ou de chevreau,
force lui fut de se servir de bœuf conservé, et le
repas fut bientôt servi.

» Toutes ces petites solennités d'intérieur me faisaient du bien et du mal, de la peine et du plaisir,
en me rappelant la chaumière d'Arzal. Oh! qu'elle
était belle ce jour-là! aussi belle qu'à Noël... Ce
n'était plus la résine qui brûlait sur la longue table,
mais bien des chandelles de suif blanc achetées tout
exprès à Vannes. Comme j'étais fier quand on me
mettait entre les mains le grand plat où les parts
étaient coupées, et que je les tirais! — La part à
Dieu, — disais-je d'abord naïvement; et je courais
sur le seuil de la porte, et le premier mendiant que

je voyais la recevait en se signant et en disant une prière pour nous. »

— Voyez, mes enfants, dit ici Mahé en fermant à demi le journal, voyez quelle belle et sainte coutume nous ont laissée nos pères. La part à Dieu est la première toujours, parce qu'il est aussi toujours et partout; recevant tout de lui, ne devons-nous pas d'abord penser à lui? mais Dieu n'a pas besoin pour lui-même : c'est un pauvre à qui est dévolue la part de Dieu; idée grande et consolante, écho de la pensée et de la divinité, qui donne aux malheureux sur la terre l'espérance et la résignation, les plus fécondes aumônes. Dieu leur soutient ainsi l'âme; c'est aux hommes à leur nourrir le corps en leur faisant la charité au nom du ciel.

— Oh! certainement, et même la dernière part à Dieu, Guénolé l'a donnée à ce pauvre Armel, qui est mort depuis, l'excellent homme!

Mahé continua de lire :

« Puis, revenu d'accomplir ma bonne œuvre, comme j'étais bien reçu! c'est que l'on m'avait attendu impatiemment : j'arrivais et je faisais le tour de la table, à la hauteur de laquelle ma tête s'élevait à peine. — Ma tante Jacquette! — mon cousin Eon! — ma cousine Alliette! mon oncle Dérien! — Chacun prenait sa part en m'embrassant et se hâtait d'ouvrir la blanche pâte pour chercher la fève, la couronne, le sceptre. Quel amusement alors! le roi choisissait sa reine, ses courtisans, ses ministres; j'étais toujours le page, moi, et je versais à boire. C'était une grande joie d'être le premier à crier : *le Roit boit!* — et je n'y manquais pas; cela m'amusait bien, et pourtant je me rappelle que je disais : Est-ce qu'un roi ne peut pas sortir, remuer, manger, boire, sans que l'on crie autour de lui? Je me répondais : Oui. — Mieux vaut être pilote ou pêcheur alors, me disais-je. Hélas! je ne prévoyais point que je serais un jour un coupable, un exilé.

» Oh! du moins nous étions ensemble ici encore ce jour des Rois-là, et c'est moi qui étais le plus jeune assis à la table du capitaine; à moi donc de distribuer les parts ainsi qu'à Arzal, et je le fis comme en Bretagne. Qu'allait devenir la part à Dieu? aller sur le seuil, de même qu'au pays, était inutile : au lieu d'ouvrir à un mendiant ce n'était ouvrir la porte qu'au froid qui nous aurait transis, ou peut-être à quelque loup blanc affamé...

» Cette part à Dieu, j'avais d'abord pensé à la garder pour la rapporter à ma mère; mais je réfléchis qu'il valait mieux qu'elle fût à notre **pauvre** Joël : les malades ont, comme les pauvres, besoin de Dieu; je la lui portai, et il la prit presque avec une reconnaissance inexprimable. Il put en manger un morceau à peine, car ses dents étaient ébranlées par le scorbut, et ce gâteau était trop dur.

» Je distribuai ensuite les autres parts, et c'é-
taient de grands éclats de rire qui m'auraient presque rappelé le pays, quand le roi choisit sa reine :
la reine était Alain. Quant à moi, et tirant ma part,
j'avais eu soin de joindre tout bas à mon nom celui
de ma mère, et le coin de gâteau que je tenais en
la nommant je l'ai conservé pour savoir si elle vivait encore, comment elle se portait, et le gâteau
n'est pas tombé en poussière, il n'a pas moisi ; c'est
bon signe ! »

— L'excellent garçon ! s'écria Gotte. Eh bien !
j'ai fait la même chose, vous le savez, monsieur
Mahé ; aux Rois de l'an passé j'ai tiré *la part de
l'absent*... voyons-la... je vais la chercher !

Elle sortit, et bientôt rapporta une tranche de
gâteau, dure comme une pierre, mais bien conser-
vée, mais bien fraîche en apparence, sans tache,
sans moisissure ; la pauvre mère était aux anges :
son enfant se portait bien toujours ; mais l'hiver !
cet hiver qui approchait à grands pas ! Gotte rentra et Mahé reprit alors le journal.

« Tout le dîner se passa en joyeuses plaisanteries
sur la dignité d'un jour de chacun de nous. Aujourd'hui que me voilà seul, triste, et que mes pensées sont toutes sombres, je pense que la vie est
une fête des Rois qui dure plus d'un jour ; mais fi
donc ! je n'étais pas si grave alors, et quand vint
le dessert, le cœur de chacun de nous battit plus

fort, car le capitaine but à la santé du pays, puis de son brave père, M. Mahé, et des petits enfants. »

— Vous voyez, dit en s'interrompant ici Mahé, que votre père pense toujours à vous. Pensez donc à lui de même quand vous priez le soir ou le matin : penser à son père, c'est penser à Dieu.

« Chers petits enfants (c'est le journal qui continue), je les avais vus si petits que je bus à leur santé de bien bon cœur, ainsi qu'à celle de l'excellent M. Mahé, qui voulait me garder au pays; mais j'eus grand soin de nommer tout bas, dans l'effusion de mon âme, ma pauvre mère Gotte, et j'espère que ce vœu-là aura été exaucé.

» Du reste, ce repas, tout joyeux qu'il fût, avait lieu dans une atmosphère de glace : le feu n'y faisait presque rien; le frisson nous venait trouver à travers les murs et sortait de la terre; à tout moment il fallut quitter la fourchette pour souffler dans ses doigts ou se frotter les mains. On en riait, et ce fut bien plus fort quand Alain, qui avait laissé dans son verre un peu de vin de Madère, le voulut boire et le trouva gelé. »

—Ah! s'écria tout l'auditoire de Mahé.

« Les bruyants éclats de rire que provoqua ce incident ne furent point cependant assez forts pour nous empêcher d'entendre un grand bruit.

» C'était un bruit extraordinaire, inexplicable dans cette solitude : — un coup de fusil! Notre

premier moment de stupeur passé, nous éprouvâ-
mes presque de la joie. Oh! il y a donc ici un autre
homme, disions-nous, un solitaire comme nous,
un pays peut-être! voyons, voyons.

» Et le capitaine, qui paraissait beaucoup moins
agité que nous, sortit aussi. Un formidable loup
venait de se tuer au piége que M. Yves Mahé avait
dressé le soir même. »

— Ah oui! s'écrièrent en battant des mains Corentin et Alix, notre père avait dit qu'il s'arran-
gerait de manière à ne plus avoir de pareils visiteurs... c'est vrai, il y avait mis un fusil au piége,
et crac...

— Mais, voyez donc, monsieur Mahé, ajouta Gotte
après quelques minutes de silence et de réflexion,
encore une fois, que va faire ce pauvre enfant l'hiver, si par malheur il est surpris par des ours
blancs ou des loups!... Je le vois déjà attaqué par
ces vilaines bêtes... Ah! monsieur Mahé, quand
votre fils était petit, je l'avais pourtant bien aimé,
et je l'avais toujours bien excusé quand il faisait
des fautes, toujours bien chauffé quand il avait
froid...

Mahé, pour ne pas avoir à répondre à ces doux
reproches de mère, leva la séance en disant : Bonsoir! bonne nuit!

IX. — LAP.

— Et ce pauvre Joël! je voudrais bien savoir comment il va, grand-père, dit Alix pendant que Mahé rouvrait le cahier précieux qui allait leur faire passer une bonne soirée encore. — Ce que tu viens de dire là est très-bien, ma fille, répondit Mahé; c'est là une parole de femme, une tendre inquiétude pour ceux qui souffrent : c'est la plus belle mission de ton sexe que celle de soulager nos maux, car la pieuse main d'une femme les apaise. Souviens-toi donc, quand tu seras grande, que le devoir surtout d'une femme est de consoler et de soigner les malades et les pauvres : ce sont deux attributs que Dieu délègue principalement à ton sexe.

La bonne Gotte se rengorgeait à ce qu'elle pouvait comprendre de ces paroles, et Alix était bien fière d'y avoir donné lieu; Mahé recommença la lecture.

« Toute la fin de janvier a été bien triste. Je ne parle point ici des rigueurs du froid, plus violentes que jamais, ni des brouillards qui nous ôtaient le bénéfice des crépuscules plus longs, présages de l'approche du soleil : nous savions qu'il était derrière ces brumes et les dissiperait; mais qui pouvait dissiper ces voiles de mort qui couvraient les yeux éteints du pauvre Joël? Dieu seul, et il ne le voulait pas sans doute. Joël avait peut-être commis des fautes qu'il fallait qu'il expiât.

» Le 25 janvier, il ne pouvait plus se lever même pour un instant; ses gencives rongées par le scorbut ne lui permettaient point de prendre le moindre aliment substantiel. »

— Oh! si j'avais été là, je lui aurais donné du bouillon, s'écria Aïix, qui ne pensait plus qu'à soigner les malades, tant l'allocution de son grand-père l'avait touchée.

« Nous le faisions boire ainsi qu'un nouveau-né, et lui préparions de légères bouillies comme ma pauvre mère m'en donnait autrefois. Jusque-là Joël n'avait pas songé qu'il dût en mourir; mais cette caducité, cette impotence absolue, étaient de solennels et inexorables avertissements : il fallut y croire enfin.

» — Je vais mourir, disait-il, je le sens, et je n'espère plus revoir le pays : ce serait à présent un vœu superflu... Mais, capitaine, j'ai un autre désir encore, et celui-là peut être satisfait.

» Chacun s'empressa de lui assurer que rien ne lui serait refusé : nous ne songions guère que c'était au ciel que s'adressait son vœu.

» — Quel jour reparaît le soleil, capitaine?

» — Mais, répondit le capitaine, on pourra en voir la moitié sur l'horizon le 2 février.

» — Ah! oui... j'avais oublié que vous me l'avez dit... c'est le jour de la Chandeleur. »

— Mais, dites, grand-père, interrompit Corentin avec cet empressement qui décèle la conscience d'une observation bonne à faire, dites, est-ce donc pour célébrer ce jour-là que nous allons à l'église avec un petit cierge allumé?

Mahé, bien qu'amateur de dissertations, ne jugea pas à propos de couper sa lecture par de longues recherches théologiques et historiques; il se contenta de répondre à Corentin que c'était sans doute pour fêter l'apparition au monde de Celui que le saint vieillard Siméon avait appelé Lumière du monde, et il continua.

« Je me rappelle, nous dit alors Joël d'une voix mourante, comme la fête de la Chandeleur me plaisait quand j'étais enfant; la procession des jeunes filles vêtues de blanc au fond de la sombre église de mon pays, m'est toujours restée dans la mémoire; la Chandeleur, c'était l'approche du printemps, des longs jours, du soleil... Oh! capitaine, que je voudrais voir le soleil avant de mourir!...

» Il n'était pas mort le 31 janvier, mais il était bien près de sa dernière heure; il avait éprouvé la veille un chagrin affreux. Son pauvre Lap, qu'il aimait de plus en plus à mesure qu'il se sentait moins de temps à rester avec lui, Lap avait disparu. Où était-il allé? On ne pouvait s'en rendre compte;

avait-il donc été mourir dans les frimas de l'ile?
On la parcourut dans tous les sens, mais on ne le
trouva pas, et l'on finit par être convaincu que quelque ours blanc l'avait dévoré. Joël seul avait encore
quelque espérance de le voir.

» — Il est bien dur, disait-il, de mourir loin de
sa vieille mère, au milieu des glaces... »

La lecture fut ici interrompue par de longs sanglots de Gotto, que les enfants et le grand-père eurent bien de la peine à calmer.

« Sans avoir revu le soleil... et son chien...

» Le matin du 1er février, les premières paroles
qu'il prononça furent pour demander le soleil : il
avait ainsi que nous passé une nuit horrible par
suite des souffrances qu'il éprouvait, et aussi à
cause des hurlements continuels des loups. Dans
son extrême faiblesse de tête, ce pauvre Joël voulait
absolument se persuader et nous persuader que
c'était Lap, qu'il venait lui annoncer l'heure de sa
mort. Dans le délire de son agonie prochaine, il
nous tourmenta cent fois pour que l'on ouvrît la
porte. Aussi, dès que le jour a paru, il nous a demandé Lap.

» J'aurais voulu ne pas quitter d'un instant le
pauvre moribond ; cependant le capitaine donna
l'ordre d'aller chercher quelque objet dans le bâtiment, et je fus chargé de surveiller les deux matelots qui devaient les rapporter. Je ne me rappelle

point de quoi il s'agissait, mais nous étions sous le
pont occupés au travail qui nous avait été ordonné,
et une lanterne à la main, quand nous entendîmes
des hurlements perçants, continuels : nous écoutâmes de quel côté ils venaient, et nous découvrî-
mes enfin qu'ils partaient de la soute aux biscuits.
Nous écoutâmes encore quelle espèce de cri ce pouvait être, et soudain tous les trois nous dîmes ensemble : C'est la voix de Lap! Nous descendîmes
donc tout aussitôt dans la soute : c'était lui, en effet.
Renfermé depuis plus de cinq jours dans la fosse,
où nous étions venus faire notre provision de biscuits, il y aurait pu vivre de chandelles, de graisse,
et aussi de certains rats d'une grosseur démesurée,
mais il n'avait rien mangé : il était séparé de son
maître malade, il avait du chagrin. Aussi poussait-
il, quand il nous entendit, les hurlements de joie
qui nous attirèrent; mais la porte à peine ouverte
il s'élança dehors, au risque de nous renverser tous
les trois.

» — Et le soleil, capitaine? disait en ce moment
Joël, qui était loin de s'attendre à la surprise que
Lap lui préparait; le soleil est-il sur l'horizon? ré-
péta-t-il d'une voix entrecoupée.

» — Non... non, c'est pour demain; mais l'aurore est superbe... regarde, Joël, ce sont des nouvelles de ton cher soleil.

» On ouvrit alors une des fenêtres, et ce seul instant, durant lequel l'air du dehors fit invasion, suffit pour nous couvrir du givre que produisait notre atmosphère subitement congelée. Joël eut cependant le temps de voir cette magnifique teinture aurore, rose, rouge-pourpre, violette, qui couronne l'horizon où le soleil est attendu. Il admirait ce spectacle.

» Tout à coup il poussa un cri en élevant les bras et en se dressant à moitié. Ceux qui l'entouraient croyaient que c'était son dernier soupir.

» — Capitaine, lieutenant, camarades... Il suffoquait... il riait... il gémissait à la fois... Lap! Lap!

» — Il perd la tête, dirent-ils; c'est fini.

» — Viens, viens, mon bon Lap... viens dire adieu à ton maître.

» Il lui tendait les deux mains, et Lap les léchait; Lap, tout couvert de glaçons et de frimas, s'était précipité au cou de Joël, et c'étaient des caresses, des embrassements comme de deux amis séparés et qui se retrouvent quand l'un va mourir : Lap avait de petits cris caressants et plaintifs, et Joël des mots d'amitié articulés à peine et entremêlés de rires d'enfant : ils ne pouvaient plus se quitter. Cependant ces étreintes hâtaient la fin de Joël; les glaçons dont était hérissé le poil du chien se fondaient et ruisselaient comme des larmes sur les joues et la poitrine brûlante de son maître. Il mourait de froid à présent; n'importe, il était heureux; et de même que Lap grognait quand on voulait le retirer des bras de Joël, de même celui-ci refusait de se séparer de son excellente bête; et c'est en baisant les longs poils de sa tête et de son cou qu'il rendit le dernier soupir avec ces mots :

» — Mon Dieu! ayez pitié de moi! Jésus, Marie, Joseph! »

X. — LE SOLEIL A L'ENTERREMENT DE JOEL.

« Le 2 février, nous nous levâmes avec la triste pensée que nous allions mettre pour jamais notre pauvre Joël dans cette terre glacée; mais la journée fut si terrible qu'il n'y eut pas moyen de sortir un seul instant : nous n'en avions pas encore connu d'aussi morne que celle-ci. Un brouillard épais comme une nue d'orage était tendu autour de la maison; derrière ce rideau, le soleil renaissait, nous le savions, et nous n'en pouvions jouir. Nous pensâmes alors que Joël souffrirait peut-être à être enterré par un pareil temps, et nous remîmes au lendemain cette triste cérémonie.

» La nuit fut bien douloureuse pour nous tous. Chacun à son tour avait passé près du corps deux heures de veille : cette solennelle et funèbre faction avait commencé pour moi à minuit, et c'était à deux

heures du matin qu'elle devait finir. Quelquefois
la nuit, quand je me réveille dans cette mais n
solitaire, ce soir surtout où j'écris ces lignes, je
m'arrête pour regarder autour de moi. C'est là
qu'était le corps de Joël étendu sur un matelas, et
couvert entièrement, les pieds et la tête, d'un grand
drap qui traînait de tous les côtés; deux chandelles
allumées de chaque côté du cadavre marquaient le
lieu où était la tête, et je lisais à demi-voix des
prières pour les morts, pendant que tous mes camarades dormaient dans leurs hamacs. Il n'y avait
d'éveillé avec moi que Lap, qui ne cessait d'aller,
de venir, de pleurer, et quelquefois de sauter sur
la froide poitrine de son maître. Un moment surtout que je n'oublierai jamais, c'est celui où il
réussit à écarter, pendant que je lisais attentivement, le coin du drap qui couvrait la face de Joël,
pour le lécher; elle était calme, reposée comme
celle d'un homme de bien qui a fini sa tâche; et
quand ma veille fut achevée, je le quittai en serrant
dans ma main brûlante sa froide main.

» Le 3, dès le matin, le ciel était pur; le vent
qui soufflait avec violence nous garantissait pour
quelques heures un ciel serein: nous n'attendions,
pour emporter notre camarade, que la première
lueur du jour. Vers onze heures le ciel s'imprégna
des teintes d'une belle aurore, et nous nous mîmes
en marche deux à deux..

» A Arzal, j'ai suivi bien des enterrements ; mais c'était dans un cimetière si fleuri de romarin, de chèvrefeuille et d'aubépine, que les cérémonies que je me rappelle me semblent douces auprès de ce convoi sinistre sur une terre de glace et de mort. Nous arrivâmes enfin au lieu où nous avions à grand'peine creusé une fosse, et nous adressâmes à Joël nos derniers adieux ; nous allions le descendre dans la fosse quand Lap, qui sentait sans doute que nous lui prenions son maître pour toujours, se précipita sur nous, qu'il aimait tant, en grondant et nous montrant des dents menaçantes. Il était étendu sur le corps de Joël ; il lui léchait la figure, les mains, la poitrine, et attendait sa récompense. Alors, d'une voix coupée en articulations tristes et prolongées, il lui parlait réellement ; il lui disait : Pourquoi ne me caresses-tu pas ? qu'ai-je fait ? et puis il attendait son pardon en silence. »

— Vois-tu, Hermine, dit Corentin en adoucissant sa voix, comme ton camarade est malheureux en comparaison de toi !

Alors Hermine écarta avec le bout de son nez effilé le journal qui la gênait pour présenter sa tête à Mahé : il la caressa de bon cœur ; elle fit les mêmes gracieusetés à Gotte et aux enfants, qui y répondirent de même, puis elle retourna se mettre devant le feu que l'on allumait encore dans la salle basse de M. Mahé.

« On réussit enfin à entraîner Lap dans la maison, car nous n'aurions pu rejeter la terre sur son maître sans l'en couvrir aussi. Le pauvre chien! il poussait des cris lamentables, mais du moins il ne nous retenait plus les bras. Nous n'avions pas encore laissé tomber la terre sur la face de Joël, quand elle parut s'animer et se colorer. — Nous nous arrêtâmes.

» — Est-ce qu'il n'était pas mort? Nous avions eu un vague sentiment d'espérance... Oh! c'était le premier rayon du soleil de retour sur cette morte et pâle figure : il ne la réchauffa point.

» Alors nous rejetâmes chacun une part de la terre, ou, pour mieux dire, de la glace qui devait combler la fosse. Alain planta du côté de la tête une croix qu'il avait faite le matin avec deux branches de pin apportées autrefois sur le rivage par la mer; et puis nous réfléchîmes que les bêtes féroces qui vivent sur les îles de glace pourraient bien venir déterrer notre malheureux compatriote; nous trouvâmes enfin une grosse et large pierre pour couvrir la tombe; il nous fallut deux heures pour l'y amener, tant elle était pesante. Nous y réussîmes enfin, et le capitaine y grava en quelques jours cette inscription : Pitié pour la pauvre créature morte loin du pays! — Quand nous rentrâmes, Lap se jeta sur nous comme sur des ennemis, et il n'y eut pas moyen de le retenir davantage loin du tombeau de Joël. »

XI. — LE DÉPART DU VAISSEAU.

« Ce beau soleil qui venait de jeter une apparence de vie sur la figure de Joël ne passa qu'un
instant d'un point très-rapproché de l'horizon à
l'autre ; mais cette lumière suffit pour colorer de
toutes les nuances les plus délicates les pins, les
montagnes et les aiguilles de glace, et, quand elle
disparut, elle nous avait laissé pendant longtemps
une si magnifique aurore que nous avions eu assez
de clarté pour combler la fosse de Joël, et pour la
couvrir de l'énorme pierre qui devait empêcher que
les ours blancs ne vinssent arracher à la terre ce
malheureux corps exilé.

» Cependant le printemps approchait. Le soleil !
c'était l'espérance, c'était le bonheur, la rentrée au
pays ; tous se réjouissaient, et moi, plus que les
autres, j'en étais heureux ; et à quelques jours de
là pourtant je devais commettre une faute bien
grave et qui devait me bannir pour toujours.

» Je ne veux pas revenir en ce moment sur ce
souvenir douloureux : je ne le cherche que quand
j'ai à corriger et à chasser une mauvaise pensée ;
mais l'instant du départ du vaisseau, comment l'ou-
blierais-je jamais ! Depuis l'heure fatale où le capitaine porta sa sentence, je n'eus plus d'espoir de
le voir revenir à moi, parce que je le savais in-

flexible, et que surtout j'avais assez de droiture et
de conscience encore pour me dire que son arrêt
était juste. Oh! je l'éprouve actuellement, dans
mon repentir : celui qui se rend justice et comprend
qu'il a mérité le châtiment que lui inflige Dieu par
la main des hommes, est près de passer du mal au
bien et de se corriger.

» Je me disais tout cela pour me fortifier, et cependant, j'avoue cette faiblesse, je cédais à je ne
sais quel espoir quand je refusais de croire à toute
espérance ; je regardais avec un sentiment indicible
de plaisir et de douleur à la fois les glaces qui chaque jour, sous les rayons plus chauds et les plus
constants du soleil, se détachaient du bord et allaient
se perdre et se dissoudre dans la mer redevenue
libre. Voilà donc le chemin rouvert à l'exilé, le
chemin de la patrie, le chemin de ma cabane d'Arzal. Je me réjouissais dans mon désespoir... insensé ! et je contemplais, d'un œil mouillé de pleurs
qui ne m'étaient point pénibles à verser, les apprêts
du départ.

» On allait bientôt mettre à la voile, car le temps
était doux, le vent beau. Il fallait donc, disait le
capitaine, se hâter de prendre la mer. En conséquence, on n'eut aucun repos jusqu'à ce que le
chargement fût opéré à bord, et plus que les autres
je travaillais et me pressais comme si je devais les
suivre. J'avais une pensée secrète : c'est que le

capitaine remarquerait ma conduite, oublierait ma faute et me pardonnerait, ou du moins aurait pitié de moi... »

Tout à coup une irruption de sanglots et de larmes fit tomber le cahier des mains de Mahé, qui courut à Gotte pour la consoler et l'apaiser, la malheureuse mère...

— O monsieur Mahé! la punition ne surpasse-t-elle pas la faute? s'écriait-elle d'une voix entrecoupée; c'est indigne à M. Yves, que j'ai tant bercé, tant promené dans mes bras, tant aimé enfin; c'est indigne à lui de traiter mon enfant comme cela, le fils de sa bonne Gotte... Oh! Dieu ne lui pardonnera pas d'avoir été ainsi sans pitié, parce que je ne pourrai jamais le lui pardonner. Le cœur dur, monsieur Mahé, c'est ce qu'il y a de plus épouvantable devant Dieu... et votre fils a le cœur dur... je serais tentée de le maudire!

M. Mahé prit les mains de Gotte et se jeta presque à ses genoux ainsi que les enfants, qui lui disaient :

— Oh! ne le maudis pas!

— Non, ne le maudissez pas, Gotte; vous ne savez donc pas quelle inflexible fermeté est prescrite et indispensable à l'homme de mer, à celui qui est seul, au milieu d'hommes ignorants et rudes, seul à commander, seul à se faire obéir de trente matelots, de soixante, de cent! votre fils en est convenu,

vous le rappelez-vous ? Il suffit qu'une voix rebelle
s'élève parmi eux, tous se révoltent, et le capitaine
est jeté à la mer. Qui peut le protéger contre une
force physique si supérieure à la sienne? — La
force morale, la volonté ferme, inébranlable, la du-
reté même : tant que les hommes seront assez per-
vers et assez avilis pour ne pouvoir être contenus
que par la crainte, la justice d'un capitaine en mer
ne saurait être trop inexorable. Gotte, ne le maudissez pas, je suis sûr qu'il en a été bien malheureux. — Gotte s'était calmée, et Mahé reprit son
journal.

« Tous mes camarades, avant de monter sur le
navire, me donnaient des poignées de main et de
vigoureuses accolades, que je leur rendais bien faiblement; je n'avais plus de force, j'étais abattu, car
je voyais bien mon sort; il n'y avait plus à terre que
le capitaine, Alain... »

— Et Lap! et Lap! s'écrièrent les enfants.

— Et Lap... mais... il était mort de faim sur le
tombeau de son maître; pauvre animal!

« Le capitaine pressait Alain de monter à bord,
mais il ne pouvait se séparer de moi, ce pauvre
ami; je lui faisais tant de recommandations les larmes aux yeux, qu'il sanglotait et pouvait à peine
me répondre : Oui! — Je le chargeais d'aller embrasser ma mère pour moi, d'aller suspendre à mon
intention un petit vaisseau dans la chapelle de Priè-

res, et de jeter au vent du côté du nord la poussière
balayée dans le chœur de l'église. — Surtout embrasse bien ma mère, lui dis-je en lui donnant la
dernière poignée de main. — Il était sur le pont.

» Restait donc le capitaine et moi, et j'avais, je
ne rougis pas de le dire encore, une lueur d'espérance; il resta longtemps avant de s'embarquer,
allant et venant du rivage au vaisseau et du vaisseau à la maison; quelquefois il s'arrêtait près de
moi, ou bien je le voyais sur le pont qui parlait bas
à l'oreille du maître ou du second, puis il revenait
à terre, entrait dans la cabane encore. Je crois à
présent qu'il attendait de moi une parole, une demande de pardon devant tous; j'espérais alors qu'il
ne l'exigerait pas de moi, et me pardonnerait de son
propre mouvement; mais quand je vis qu'il ne me
pressait point de monter, comme c'est le devoir du
capitaine de prendre et de quitter le dernier son
bord, je me dis que tout était perdu, et je n'en pus
douter quand il me dit : — Adieu! — Oh! cette
parole passa comme un coup de vent dans ma tête,
dans mon cœur, dans tout mon être; mes bras se
joignirent, mes genoux s'entrechoquèrent, mes
jambes faiblirent... je tombai... J'allais m'écrier :
— Pardon! grâce! comme le faisaient mes camarades rangés sur le tillac, et puis... je n'en eus pas
le courage : divers sentiments confondus en un seul
arrêtèrent sur mes lèvres ces deux mots. De la

fierté d'abord ; une fierté insensée, qui, tempérée par la raison, m'eût sauvé dans tout le cours des premiers temps de ma vie, et qui, extrême et aveugle, me perdit. Je voulus ne paraître avoir fléchi le genou que devant Dieu ; je craignais un refus aussi, j'en étais presque certain ; je savais, je le répète, que le capitaine ne pouvait avec prudence me pardonner, et que je ne l'aurais pas fait à sa place. — Je suis coupable, me dis-je enfin avec sévérité, je dois être châtié. — Je me relevai alors en regardant le ciel...

» Le navire était déjà loin, et bientôt à l'horizon je crus le voir comme un point blanc... non... c'était un pic de glace qui ressemblait à une voile. »

— O mon Dieu ! c'est tout ce que put dire Gotte.

— Ainsi notre père est en route, dit Corentin après une courte méditation.

« Mon encre diminue, mais je me sens bien. J'espère... Le soleil s'en va, mais je pense à celui de Bretagne. J'y reviendrai, ce me semble. »

Ici la voix de M. Mahé s'altéra ; il avait sans doute rencontré des passages douloureux et qu'il voulait cacher à Gotte. — Vous voyez qu'il est courageux, résigné, pieux, ma bonne... Bonsoir ; n'allez pas pleurer toute la nuit.

XII. — PRÉPARATIFS D'HIVER.

De lecture en lecture on était bien vite arrivé, dans la salle basse de M. Mahé, à la fin de la première quinzaine d'avril. Le commencement du mois de printemps, chaud plus qu'à l'ordinaire cette année-là, se montrait dans toute sa splendeur. Les pommiers étaient déjà inondés de leur neige mêlée d'un tendre incarnat, et les pêchers étalaient encore leurs bouquets de roses; toutes les fleurs à odeur suave de la famille des liliacées parfumaient le parterre, et l'épais gazon qui croissait avec luxe entre les arbres à fruits était fleuri de pâquerettes souriantes, de boutons d'or et de renoncules d'un jaune luisant sous le soleil doux et pénétrant comme un sourire.

— Nous en sommes donc restés hier soir, au moment où ce pauvre Guénolé vient de voir partir le vaisseau, le 24 août...

— Le 24 août! notre père a mis à la voile le 24 août, et nous sommes au 15 avril! Voilà combien? huit mois qu'il est parti? Que sera-t-il devenu, grand-père? il ne faut qu'un mois, vous nous l'avez dit, pour revenir de ce pays-là... en voilà huit qu'il est en route... Alix répétait ce que disait son frère, mais du ton plus touchant que donne à des paroles d'inquiétude une jeune fille.

— C'est vrai, mes enfants, c'est vrai... mais il aura passé l'hiver dans quelque port d'Ecosse ou d'Angleterre.

— De quoi vous inquiétez-vous, je vous le demande ? dit Gotte d'une voix brusque qui ne lui était point ordinaire; votre fils, votre père était à l'abri, il s'est sauvé de ce maudit pays de loups, d'ours et de glace, où il a laissé mourir pendant la saison rude mon pauvre Guénolé : ce papier... est sans doute son testament. Je vous conseille bien de vous tourmenter : ah oui !

Y avait-il rien de plus naturel et de plus excusable que cette sortie de la malheureuse mère ? aussi son maître ne lui répondit-il rien, et même on remarquera qu'il évita désormais de parler de son fils pour le plaindre; les enfants l'imitèrent à leur insu et comprirent peut-être cette délicatesse. N'importe, la lecture fut toujours pour Gotte aussi douloureuse qu'attachante : c'était comme l'adieu, la dernière parole, le suprême soupir de son enfant; car depuis la réflexion que venait de faire Corentin, et que dans son trouble elle n'avait pas conçue jusqu'ici, elle regardait Guénolé comme perdu, comme mort.

M. Mahé poursuivit :

—Depuis le 24 août ce pauvre garçon avait déjà beaucoup écrit, et bien écrit : il me fait honneur... c'est un bon élève... continuons :

« Voici déjà le premier octobre, déjà un mois
passé que je suis seul : combien de fois déjà en me
réveillant n'ai-je pas été sur le point de courir droit
au vaisseau ! j'ai eu bien de la peine à m'habituer
à ne plus rien voir à cet endroit où le bâtiment
était à l'ancre, plus rien que les flots... oh ! que
c'est triste ! J'ai déjà fait plus d'une fois le tour de
l'île ; je l'ai parcourue dans tous les sens, je la con-
naissais déjà et j'aimais à courir dans ses pics et
ses vallées de glace avec Alain et d'autres camarades. Nous allions, dans les mois d'été, chercher les
œufs que les albatros déposaient sur les glaciers ;
ou quand venaient les premiers jours d'hiver, nous
allions chasser les rotchis et les cygnes sauvages.
Que le bon Lap était joyeux alors ! Cette scène désolée de pics de glace et de rocs élancés en aiguilles, nus, dépouillés, pas même couverts de neige ;
cette scène me semblait moins affreuse quand je
me disais : Que mon pays me paraîtra plus beau
après ces lieux !... mais à présent je le trouve horrible, comme doivent être pour un captif les bar-
reaux de fer d'une prison. Je rentre toujours plus
transi ; mais il faut penser aux provisions d'hiver.
Chaque jour je vais ramasser les morceaux de bois
que la vague apporte sur la côte, ou tirer la tourbe
d'un petit marais qui n'est pas gelé encore. Cette
tourbe nous fournissait des mottes excellentes,
comme celle de Montoire ou de Saint-André-des

Eaux. Oh! que ce chauffage était réjouissant pour nous tous en société! Il le sera plus encore pour moi, solitaire, et je me représenterai dans le fort de l'hiver une chaumière de Bretagne bien remplie, bien close, bien causante; j'entendrai la voix de M. Mahé, la voix de ma mère, et j'aurai un peu chaud peut-être.

» Ce ne serait pas assez de songer au feu seulement; il me faut de la lumière pour lire, pour écrire; j'ai un Robinson, j'ai mon bon journal à tenir. Grâce à Dieu, j'ai trouvé de la graisse et des débris de baleine et de veaux marins en abondance, je les fonds, j'en tire du suif, et une vieille chemise effilée me sert à faire des mèches : j'en ai ma provision pour tout l'hiver. J'ai des biscuits et des patates autant qu'il m'en faudra jusqu'au retour de la belle saison, et alors, à la garde de Dieu. Le capitaine m'a laissé une peau d'ours blanc, il a été miséricordieux encore; j'ai un briquet qui fait feu à merveille, de l'amadou qui le reçoit et le fait briller comme l'éclair; la montre que M. Mahé m'a donnée me dit l'heure toujours... pourquoi me plaindrais-je?... O ma mère! toi qui ne sais où je suis, je te parle comme si tu me voyais... ne sois donc pas inquiète.

» Le soleil s'est levé aujourd'hui à neuf heures et demie du matin, et il vient de se coucher à trois heures et demie. Je me suis attardé un peu à ramasser des mottes, car le froid est vif ce soir, et je crains de ne plus pouvoir bientôt faire cette provision : le marais va durcir, et plus moyen...

» J'ai eu un saisissement en rentrant tout à l'heure : il faisait nuit ; j'avais oublié dans la maison le bâton qui me sert à me guider et à me soutenir sur ce sol glisant ; je marchais donc avec précaution, car la terre est fendue par le froid de manière à rendre chaque pas assez dangereux, et je buttais à tout moment contre des crevasses, j'y enfonçais un pied, ou bien il glissait ; j'allais à petits pas, doucement, à tâtons, quand je heurte un corps dur et je tombe... je tombe... sur la pierre qui couvre la fosse de Joël. J'ai fait une courte prière pour mon compagnon mort, et me voilà rentré pour écrire ma journée. »

— O mon Dieu! grand-père, dit Alix, il me semble que là j'aurais bien froid, mais bien plus peur encore ; un mort tout à côté de moi ! cela fait frémir pour ce pauvre Guénolé ! et pas un autre camarade vivant pour le rassurer et lui donner du courage !

— Tu vois qu'il n'en a pas besoin et se rassure bien lui-même, preuve certaine encore qu'il se corrigera et deviendra bon. Visiter les tombeaux, rien n'attendrit le cœur et ne rend bon comme de penser aux morts. Moi je veux, mes enfants, vous prouver combien sont folles les terreurs qu'ils vous causent : qu'est-ce qu'un mort? une tête glacée, un cœur qui ne bat plus, une main raidie, quelque chose comme l'îlot de la Désolation quand le soleil a disparu, un corps enfin qui n'a plus son âme : vous savez bien qu'un corps qui n'a plus son âme, sa vie, ne peut plus rien, il est immobile à jamais jusqu'à ce qu'il redevienne ce qu'il était, de la terre; le corps n'est donc point à craindre quand l'âme en est séparée. Si l'âme a été bonne, si elle a fait du bien, si elle n'a commandé aux mains qu'elle faisait mouvoir que de bonnes actions et des bienfaits, le corps qu'elle animait ainsi est un doux souvenir à cultiver sous un marbre, une pierre, une croix de bois noir. Si au contraire l'âme a été méchante, et n'a inspiré que de coupables pensées et de mauvais mouvements au corps qu'elle torturait, oh ! alors plaignez cette âme, et qu'elle ne vous apparaisse que comme une grande leçon près du tombeau; car celui qui fuit et redoute la leçon est coupable ou le sera.

La séance se termina là.

XIII. — SOUVENIRS DE L'ÉTÉ. — EXCURSION SUR LES GLACES.

Aussitôt le dîner fini, les quatre habitants de Saint-Gildas se mirent en chemin pour aller faire la promenade accoutumée à la pointe de la presqu'île, et pendant que la bonne Gotte parlait de son pauvre Guénolé, et que Mahé lui donnait quelques lueurs d'espérance qu'il ne partageait guère sans doute, le bon vieillard, Corentin et Alix se livrèrent à l'envi, le frère à ramasser des plantes dans les champs et le petit bois ; la sœur, des coquillages sur le bord de la mer, tous les deux avec l'intention de présenter à leur père une collection et un herbier : ils se faisaient un vif plaisir de ce travail, auquel présidait cependant toujours une triste pensée d'inquiétude. Il est parti il y a huit mois et n'est pas de retour encore! M. Mahé n'était pas exempt de ces anxiétés, car le matin même il avait envoyé à Lorient pour savoir si l'on n'avait pas des nouvelles de son fils. L'exprès rentrait à la maison en même temps que la petite société, et il annonça que M. Yves Mahé n'était point de retour, mais qu'il avait été vu vers le milieu de septembre dans un port d'Islande, près du cap Farwell, et qu'il se préparait à revenir en relâchant toutefois sur la côte d'Angleterre.

— Et Guénolé? vous n'avez pas entendu parler de Guénolé? demanda Gotte dans son idée fixe de mère. — L'exprès, ne sachant ce qu'elle voulait dire, sortit sans lui répondre. Alors elle s'empressa de tout préparer pour la lecture qui la tourmentait, la rendait malheureuse, l'intéressait, et lui faisait pourtant du bien. Mahé ne la fit pas longtemps, attendre et reprit à l'endroit où il s'était arrêté.

« Me voici rentré; je fais mon feu, j'allume, j'écris le détail de ma journée, et puis je me coucherai dans ma bonne peau d'ours. J'ai encore été faire le tour de l'île et j'ai ramassé tout le bois qui se trouve jeté par la mer sur le rivage; le gros, je l'entasse près de la maison pour y faire les réparations que les injures du temps peuvent y rendre nécessaires, et le bois moins fort, les branchages, je les ajoute à mes provisions de charbon de terre et de tourbe pour entretenir mon poêle, qui est ma vie dans cette rude contrée. J'ai rempli aussi de neige une jarre de terre et je l'ai mise à fondre devant le feu. Je pensais à me coucher : comment dormir! le vent s'élève, rugit, siffle; j'entends des craquements dans les masses de glace. Oh! je veux écrire encore! écrire tant que j'aurai de l'encre, du papier; c'est là ma parole, c'est mon interlocuteur, mon ami... écoute-moi, je te parle.

» Oh! qu'il est beau l'été de mon pays! A présent, il est cinq heures environ; le soleil est pour une demi-heure encore sur la mer et derrière le clocher d'Arzal; les enfants jouent sur la place, les vieillards causent assis à leurs portes, et les voiles blanches des pêcheurs apparaissent empourprées par les reflets du couchant. Qu'il serait bon à cette heure encore d'être étendu sur l'herbe, au soleil, comme au mois de juin sur les meules de foin si parfumé! l'odeur m'en est restée pour toujours ; et quel beau mai nous allions planter devant la porte du château! une couronne des plus belles fleurs de la saison et des branches nouvelles; plus tard c'était le feu de la Saint-Jean, autour duquel on dansait toute la nuit de grandes rondes. Je crois voir encore les danseurs passer et repasser comme des feuilles dans une trombe; ils étaient rouges, noirs, éclatants tour à tour, et les bonnes vieilles apportaient leur paquet d'herbes à bénir; et je ne verrai plus tout cela!

» Ils sont beaux aussi les étés de ce triste pays-ci, mais bien courts; la nature se hâte, l'herbe croît à vue d'œil partout où il y a un peu de terre; les mousses verdoient, fleurissent et fructifient dans un moïs; le soleil est toujours là : c'est l'œil du maître. Oh! je veux revoir ces longs étés de mon pays; l'hiver va être froid, je le supporterai; la glace couvrira la mer, elle sera assez forte pour me soutenir jusqu'à cette grande île tout là-bas, que l'on voyait avec le télescope quand le temps était clair; on y trouve des hommes, des navires peut-être... Oh! des navires qui retournent en Europe! Qu'ai-je dit là? me mettre en route au printemps, sur les glaces! ai-je donc oublié le sort qui faillit atteindre plusieurs de mes compagnons? quelles angoisses! quelles tortures! je veux tout rappeler sur mon journal pour m'enseigner la prudence et la résignation.

» C'était vers le 5 mars; les jours étaient égaux aux nuits; comme notre bâtiment avait, je l'ai dit, outre l'intérêt commercial, un but scientifique, il se trouvait parmi nous quelques jeunes gens chargés de faire des travaux et des observations sur la nature des glaces du pôle, et qui parlèrent de profiter des derniers jours du froid pour tenter une expédition vers le nord, tantôt par les glaces, tantôt en suivant le rivage. Ils avaient aperçu dans le nord, au moyen d'une lunette d'approche, une vaste île couverte de glaciers de toutes les couleurs les plus éclatantes, roses, vertes, azurées; ils voulaient faire des expériences sur le principe colorant de ces glaces, et aussi recueillir des observations thermométriques. Leur projet fut aussi vivement appuyé que combattu, le mot *imprudence* avait même été prononcé, mais le courage et l'amour de la science l'emportèrent. Il fut donc décidé que la tentative aurait lieu, et, le 6 mars, je me le rappelle à présent, on était prêt à se mettre en route. Chacun fut muni d'immenses souliers à neige, de gants, de fourrures et de manteaux de peaux de loup. L'expédition se composait du pilote, de deux jeunes naturalistes, et d'Alain; j'aurais bien voulu être de la partie, mais déjà j'avais préludé à ma grande faute par quelque insubordination, et je restai par ordre du capitaine. Un léger chariot fut construit tout exprès par le charpentier, contenant les vivres

nécessaires pour huit jours; c'est le terme que le
capitaine avait assigné à l'excursion.

» Or, après de bonnes poignées de main, le dé-
tachement partit. Chacun des hommes devait à son
tour traîner le chariot aux munitions. Le temps
était magnifique, mais d'une rigueur extrême; et
comme cette caravane dans un désert de glace avait
parmi ses provisions d'amples moyens de chauffage,
nous ne souhaitions rien plus ardemment que la
durée de cette température; car si l'atmosphère
venait à s'adoucir, les glaces pouvaient se diviser,
et nos pauvres camarades se trouver sur un glaçon
détaché pour toujours! »

Un cri de terreur s'éleva dans la salle basse de
M. Mahé.

« Cette idée me faisait frémir; je me gardais de la
communiquer à personne, mais j'étais triste quand
ils partirent, et que l'écho d'une montagne de glace
répéta seul : Adieu!

» Le 8, de bon matin (je me rappelle tous ces détails comme s'ils étaient d'hier, tant ils m'ont frappé
vivement), j'étais levé le premier et je me prome-
nais à grands pas, comme toujours, pour que le
froid ne me saisît pas; je me faisais de riantes idées,
je quittais cet affreux pays pour ne plus le revoir!
Hélas! je ne l'ai pas voulu! J'embrassais ma mère,
mes amis, je devenais homme, utile à mes semblables... on m'aimait. »

— O monsieur Mahé! dit Gotte en fondant en larmes, je n'y pourrai plus tenir : pauvre enfant! il a cruellement expié sa faute, n'est-il pas vrai? Dieu n'aura-t-il pas pitié de lui et de mes prières? Dieu est bon pourtant, plus que toutes ses créatures...

— Et vous avez raison, ma bonne, il proportionne le châtiment à l'offense; *à l'agneau tondu il mesure le vent;* mais espérez en sa miséricorde. Il ne charge jamais l'homme de plus qu'il ne peut porter; l'homme trouve le fardeau lourd, mais il n'y succombe jamais s'il a recours à Dieu par la prière persévérante.

XIV. — UN CHANT D'OISEAU. — TRISTES PRÉSAGES.

« J'étais donc livré à ces beaux rêves, quand tout à coup j'entendis un gazouillement précipité, mais suave. Dans les premiers moments, je fus sur le point de prendre ce bruit mélodieux et invisible pour quelque merveilleuse voix qui me répondait. L'illusion ne pouvait continuer, et je reconnus bientôt le ramage d'un oiseau que j'avais entendu vers la fin de l'année dernière, *l'oiseau des glaces.* Je restai immobile, retenant ma respiration, palpitant, sur la pointe du pied; je désirais tant voir d'autres êtres animés! Ce joli moineau des zones

glaciales était sur la pointe d'une aiguille de neige,
avec laquelle contrastait le plumage gris noir de son
dos et de sa queue; sa petite tête grise s'agitait
avec grâce, et son cou semblait tourner dans le cercle blanc qui l'entourait, tandis qu'il continuait son
chant sans paraître me craindre. J'avais sur moi
un reste de biscuit, je l'écrasai et je le jetai sur la
terre gelée. Alors il vint à tire d'aile fondre sur ce
repas, qu'il avait sans doute jusque-là ignoré, et
j'éprouvai le vif bonheur de rendre heureuse une
créature, un pauvre, en lui faisant l'aumône, un
animal affamé en lui donnant de la nourriture, une
plante qui a soif en lui versant de l'eau. Aussi,
quand l'oiseau se fut repu, il ne me quitta point
sans un chant que j'attribuai à la reconnaissance.
Cependant, tout gracieux et tout riant qu'était cet
incident, je le tins secret. L'admirable instinct que
Dieu a départi aux êtres sans raison avait sans doute
appris à cet oiseau que la saison serait douce et pré-
coce. Depuis deux jours le thermomètre remontait;
la neige était moins dure sous nos pas, et le tableau
des glaces se détachant et emportant nos amis me
poursuivait comme un fantôme, comme le remords
qui me poursuit aujourd'hui.

» Le capitaine et les autres s'étaient bien aperçus
aussi du changement du temps, mais chacun évitait
de s'en dire un mot : c'était le silence qu'on garde
avec une femme, une mère, un fils, sur l'époux ou

l'enfant qui est en danger; aussi les journées passaient plus longues encore dans des conversations
gênées. Plus d'abandon, plus de francs et bons
souvenirs : en pouvions-nous avoir dans notre inquiétude? Ce n'était plus entre nous que tristesse
cachée, muette, l'épouvante d'un terrible avenir.

» Nous étions arrivés au 12 dans ces angoisses
secrètes, et d'autant plus dures qu'elles n'étaient
point partagées entre nous tous : nous n'osions nous
les communiquer. Si la température n'eût pas été
effrayante, nous eussions patiemment attendu le 14,
jour fixé pour leur retour; mais dans la situation
présente nul ne pouvait se cacher ses silencieuses
appréhensions. Nous sortions plus d'une fois par
heure pour regarder l'horizon, et toute la journée
fut brumeuse à faire frémir : ce brouillard tiède
était si épais que l'on avait peine à distinguer à
vingt pas de soi. Cette brume était un supplice :
nous aurions tant désiré que nos yeux pussent parcourir librement l'étendue! Nos pauvres amis, ils
étaient là peut-être, à cent pas de nous, nous cher-
chant, et ce voile nous cachait à leurs yeux. C'est
ainsi que de conjectures en conjectures, d'espérance en espérance, les heures se traînaient derrière nous.

» La journée du 13 vit son soleil se cacher sans
nous avoir ramené nos camarades. Toute la nuit,
chacun à notre tour, nous passions un quart

d'heure sur le rivage, agitant des lanternes allumées comme lors de nos premières inquiétudes, ou bien nous répétions dans le porte-voix le nom du pilote, le nom d'Alain, et les rugissements du porte-voix courant dans les échos formaient des sons imposants : c'étaient les seuls. Nous nous figurions à tous moments que nous avions entendu quelque bruit de pas; mais ce n'était qu'une de nos voix perdue dans le creux de quelque lointain champ de glace.

» Dès le matin du 14, quand l'aube vint nous épouvanter de la perspective d'un autre jour d'angoisses, nous aperçûmes sur les limites de l'horizon un point noir qui se mouvait : chacun alors d'appeler de cette voix du saisissement qui n'a que des cris aigus : Alain! Juhel! Le vif désir de voir apparaître un objet le rend comme présent : on le voit, et pourtant ce que nous avions pris pour un groupe de quatre hommes, ce point qui s'agitait, qu'était-ce? Un oiseau gros comme une poule; ses deux grandes ailes grisâtres qui battaient son ventre blanc, ses pattes et ses yeux de couleur citron, nous firent reconnaître le bourgmestre; mais nous eûmes à peine le temps de l'apercevoir de près, tant il passa vite, effrayé qu'il était par nos clameurs.

» C'était encore un signe bien funeste que le passage de cet oiseau; il nous annonçait la présence de l'eau, la fonte des neiges et des glaces, tout ce

qu'il y a de plus sinistre, sans doute la dispersion
de nos compagnons sur les glaçons flottants. Un
peu avant le lever du soleil, la brume s'étendit encore autour de nous et vint renouveler notre désespoir de la veille, et les cris dans le porte-voix ou
les deux mains autour de la bouche recommencèrent comme la veille, mais cette fois égarés et en
désordre. Vers deux heures enfin, au moment où
le soleil était au plus haut du ciel, le brouillard se
dissipa; mais l'horizon, d'un bleu foncé, ne nous
montra pas une ombre. Alors un matelot courut sur
un pic assez élevé qui dominait une vaste étendue.

» Nous avions suivi tous ses mouvements, nous
étions dans le silence de l'attente, quand mon œil,
qui ne se détournait pas de lui un instant, aperçut
un signe qui s'adressait à moi par des gestes émus;
il me faisait signe de le rejoindre, il m'appelait.
Oh! nous crûmes bien qu'il avait découvert quelque chose. — Va, monte, Guénolé, me disait chacun; et je courus en effet aussitôt vers lui : dès
que je fus à portée de sa voix : Vite, vite, Guénolé,
s'écria-t-il ; et je courus plus fort en entendant ces
mots. Quand je fus près de lui, il prit ma main sans
me rien dire autre chose et l'étendit dans la direc-
tion de la sienne; il voulait qu'avec lui je m'é-
criasse : Les voilà ! Mais je ne voyais rien... il me
soutenait qu'il les apercevait bien loin... bien loin...
il avait la vue très-perçante, il est vrai. Pendant

que je faisais d'inutiles efforts pour distinguer ce que me montrait mon camarade, le capitaine nous rejoignit.

» — Eh bien! Guénolé? me disait-il sans cesse.

» — Je ne vois rien.

» — N'écoutez pas, capitaine, je les vois bien, moi. Mais il s'arrêta en se frottant les yeux; j'en conclus qu'il s'était trompé : c'était une larme de joie.

» — Les voilà! les voilà... je vous le disais bien...

» — Les voilà! répétai-je, car je les distinguais cette fois, en suivant le bras du matelot qui était tendu vers le point bienheureux.

» Tout à coup ce bras retomba comme s'il se fût subitement paralysé. Le matelot était pâle comme la neige; il voulait parler et ne put au premier instant; puis il fit un grand effort.

» — Ils ne sont que deux!

» — Ils ne sont que deux! ce fut le cri général.

» — Alain y est-il? demandai-je tout bas.

» — Je n'en sais rien, dit le matelot, j'ai les yeux troubles.

» Enfin tout le monde vit parfaitement ce que le matelot avait distingué de si loin. Deux corps se dessinaient sur l'horizon, mais pas un de plus. Ce n'est qu'en ce moment que nous songeâmes au télescope.

» C'était Juhel, le pilote, et un des jeunes voyageurs. Alain était donc perdu ! il avait sans doute été mourir gelé, comme faillit mourir son père, le *soldat gelé* que sauva le recteur d'Arzal, m'a-t-il dit cent fois... »

XV. — DÉSESPOIR.

« Nous pûmes bientôt reconnaître ceux que le ciel nous rendait. Le pilote et l'un des jeunes naturalistes étaient seuls debout sur un large glaçon, le chariot aux provisions à côté d'eux. Plus de doute alors, leurs camarades seraient morts de faim s'ils n'étaient pas morts de froid. Je courais de côté et d'autre, appelant Alain de l'accent d'un fou ; je répétais ce nom au nord, au sud, à tous les points de l'horizon, ou bien je tombais dans un désespoir silencieux : mon ami le plus intime perdu pour jamais ! Perdre un ami au milieu de cette effroyable solitude est un malheur que ne peut faire concevoir la mort d'un être chéri que l'on perd dans le monde. Je me sentais tout à fait délaissé, abandonné... hélas ! je le suis à présent bien plus encore.

» — Et Alain, et l'autre, m'écriai-je en serrant convulsivement les mains du pilote, dites, où sont-ils ?

» Il était ému, suffoqué ; il ne pouvait répondre ; je le pressais néanmoins de questions... Et vos deux compagnons, que sont-ils devenus ?

» — Attendez... attendez... répondit-il ; ce qu'ils sont devenus,... je n'en sais pas plus que vous...

» Si les deux camarades que le ciel nous avait ramenés ne trouvèrent pas étrange notre accueil après une si effrayante séparation, c'est qu'ils étaient, comme nous, dominés par une terrible préoccupation. Ils ne se trouvaient pas heureux en pensant à leurs compagnons qu'ils n'avaient pas ramenés avec eux ; ils se reprochaient leur bonheur incomplet, et nous aussi nous étions tourmentés comme auparavant. C'est qu'il est de la faible nature de l'homme de ne point être reconnaissante d'un demi-bienfait ; effet sans doute de son peu de foi et de charité ; il ne songe qu'à la part qui lui est refusée. Celle dont il jouit lui fait sentir quelle serait la douceur de l'autre, et par cela même elle devient en quelque sorte amère.

» Nous rendîmes cependant au ciel des actions de grâces d'autant plus vives que d'ardentes inquiétudes s'y mêlaient. Quand, le soir, nous fûmes réunis comme de coutume, il était facile de reconnaître, à notre silence embarrassé, que le désir d'interroger les deux matelots sur le sort de leurs compagnons était combattu par la crainte, et plus même, suivant moi, la certitude d'apprendre un déplorable événement. Un de nous fut moins patient et amena le pilote à faire le récit que voici : il m'a causé de telles angoisses que je n'en ai pas oublié un détail.

» Quand nous eûmes quitté la maison, le O, nous nous dirigeâmes de conserve vers le nord-ouest. La glace était si raboteuse qu'on aurait juré que la mer avait été prise au moment d'une tempête; aussi marchions-nous avec difficulté, traînant à notre suite le chariot, et nous n'avions fait qu'un mille par heure quand la nuit vint. Nous dressâmes alors notre tente à l'abri d'une colline de glace qui nous garantissait du vent du nord, et enveloppés de nos peaux de loups; trois de nous dormaient profondément pendant que je faisais bon quart. Déjà les jeunes naturalistes avaient fait quelques-unes de leurs observations sur un glaçon rose comme un rayon de soleil couchant. Le thermomètre s'était toujours maintenu au même degré.

» La nuit fut sans incident; mais le matin du 7 nous remarquâmes que le vent avait varié; il était dans le nord-ouest; aussi l'air était-il un peu moins vif. Nous ne nous en inquiétions point, parce que nous avions le rivage en vue. Il est vrai qu'il se couvrait de saxifrages et d'oseilles, végétation qui était bien de nature à nous tourmenter. Nous continuâmes cependant notre marche sur les glaces, et nos savants y ramassèrent quelques lichens curieux. Quand vint la nuit, je donnai le conseil, moi qui connais ces parages, d'aller établir notre tente sur la terre. Mon avis ne fut point écouté; mes compagnons ne voyaient aucun péril à redouter, et le

froid vif qui vint tout à coup rendre à la neige et
à la glace leur fermeté me rassura aussi; d'ailleurs
nous approchions de cette île de glace colorée, et
rien n'eût retenu nos intrépides observateurs. Notre
sommeil fut bon et non interrompu.

» Le 8 n'eut rien de remarquable; les travaux,
auxquels je ne connais rien, continuèrent; mais le
matin du 9 fut bien effrayant. Après avoir tous paisiblement dormi, nous nous levions lestes et dispos,
quand, loin de nous, Alain m'appela pour voir l'île
de glace que nous étions près d'aborder la veille.

» — Il me semble, dit-il, qu'elle est plus loin de
nous qu'hier.

» Les autres plaisantaient; mais moi, vieux pilote, vieux routier des glaces, je ne riais pas. Le
temps était radouci, le vent soufflait sud, et je savais que les glaces avaient pu dériver insensible-
ment, assez pour nous transporter au loin pendant
notre calme sommeil. J'y regardai donc attentivement; il n'était que trop vrai. Nous étions à une
assez grande distance de l'île, et la distance s'ac-
croissait à chaque instant, car notre froid plancher
avait toujours un lent mouvement de déviation. Ce
n'était plus le moment de prendre l'avis de l'un et
de l'autre, puisque je n'avais avec moi que d'inha-
biles ou imprudents conseillers; je donnai donc
l'ordre de passer sur le rivage; mais ce fut un bien
effroyable moment que celui où nous reconnûmes

que nous étions sur un glaçon tout à fait isolé de la masse par un canal d'eau libre, qu'il eût été impossible de franchir avec le chariot aux provisions. Nous songeâmes à l'abandonner; c'eût donc été pour mourir de faim à terre? Pendant nos délibérations, l'espace d'eau libre s'agrandissait, et il n'y eut qu'à se recommander à la Providence.

» — Vous étiez tous ensemble? demanda le capitaine.

» — Tous ensemble! Il s'arrêta un instant pour recueillir ses souvenirs. Oui... réunis encore... mais le lendemain! Ah! je raconterai cela assez tôt.

» Vers le coucher du soleil, le vent fraîchit. Il nous sembla que le mouvement qui nous entraînait avait cessé; je m'en assurai, et je donnai cette bonne nouvelle à nos amis. Alors chacun se coucha plus tranquille. La tente qui protégeait Alain et l'un des voyageurs était à une extrémité du glaçon, et la mienne à l'autre. J'avais été de quart une partie de la nuit : mon camarade devait veiller jusqu'au jour; il vint donc me relever, et je m'endormis dans de vilains rêves, je vous assure. Le temps était doux, le vent mou et tiède, la brume épaisse. On n'aurait pu distinguer un objet à quinze pas dans mon rêve.

» Je fus réveillé en sursaut par un bruit semblable à la détonation d'une arme à feu; je crus que c'était la fin de mon cauchemar; j'en étais content, et je refermai les yeux avec l'espoir d'un sommeil plus calme, quand l'homme de quart me tira violemment le bras. — Pilote, venez donc voir... s'il est possible toutefois de voir dans ce brouillard... quel accident vient de nous arriver. — Je ne sais ce que c'est, mais j'entends un bruit que j'avais oublié, un bruit de flots... vous savez... — Oh! je ne savais que trop!... Pendant ces paroles qu'une sorte de suffocation arrêtait à tout instant sur ses lèvres, je me dessillai les yeux et je le suivis, tenant un bâton nécessaire pour marcher d'un pied sûr parmi les aspérités des glaçons. Je m'en servais alors pour me guider. — Qu'est cela? dis-je. — C'est le chariot aux provisions... là... — Bien! — La glace ici... mon bâton enfonce... je sens l'eau...

» Voilà l'eau; à gauche, l'eau; derrière, l'eau encore; et l'autre tente?

» Le pilote nous racontait cela la voix émue et l'œil égaré, comme s'il y était encore.

» La tente où était Alain? répétai-je en tâtonnant avec mon bâton.

» L'aube commençait à donner au brouillard une teinte blanchâtre; je n'en vis pas davantage l'autre tente; je pris le parti d'appeler : Alain! Alain! une voix me répondit du côté de l'ouest. Le vent était contraire, mais néanmoins cette voix venait d'une grande distance, et il me sembla qu'elle s'éloignait. Le glaçon qui nous portait tous la veille avait été coupé en deux, et le craquement qui m'a-

vait réveillé annonçait le moment de la séparation.

» Un vent d'est violent poussait nos deux amis ; le brouillard se dissipait par degrés, et nous les apercevions encore. Ils agitaient leurs mouchoirs, ils levaient leurs chapeaux en signe de détresse ; mais que pouvions-nous faire ? le glaçon qui nous soutenait avait été arrêté par une masse plus forte ; nous ne pouvions que les plaindre de toute la force de notre âme en nous demandant avec terreur quel allait être leur sort. Pour comble d'effroi, nous nous aperçûmes qu'ils étaient sans vivres, puisque le chariot était resté près de nous. Que ces provisions que nous devions partager avec eux seraient amères à notre bouche quand nous songerions qu'ils mouraient de faim ! Nous nous reprochions notre bonheur.

» Le vent revenu enfin au nord le 12, assez fort pour ranimer le courant, sans être assez aigu pour ressouder les glaces, nous a ramenés ce matin près de vous.

» La brusque conclusion de ce récit, qui rappelait le tintement bref de la cloche de mort ou le coup saccadé du tambour couvert d'un crêpe, nous laissa dans un sinistre silence. »

XVI. — LE VENT EST AU NORD.

« Nous voici au 15 octobre ; j'ai employé tous les

jours précédents et les quatre heures de soleil qui
me restaient à me faire un arc et deux flèches. Une
douelle de tonneau que j'ai trouvée sur le rivage
m'a servi à façonner, après beaucoup de travail, le
bois de l'arc. Une corde qui était restée à l'endroit
où avait lieu la préparation de l'huile l'a complété;
mais je n'ai pu fabriquer que deux flèches, non que
le bois me manquât, mais je n'avais pas de fer, et
j'ai été obligé, pour remplacer les dards, d'arracher
deux clous à la charpente de notre maison; je les ai
bien aiguisés, et me voici armé enfin.

» Je viens de faire aujourd'hui un heureux essai
de mon arc. Un renne se montrait depuis quelques
jours du côté de la maison; c'est sa visite qui m'a
donné l'idée de me procurer un moyen d'aller à la
chasse. Le biscuit, la patate, ne suffiraient pas au
corps, et j'ai pensé que si je pouvais me procurer
de la viande, ce serait un bienfait dans ma triste
position. Mon arme achevée à peine, je me suis em-
busqué derrière la maison, la flèche prête à partir.

» Pendant que j'étais ainsi à l'affût, une troupe
de rotchis, oiseaux à pattes d'oie, de la grosseur
d'un merle, est venue à ma portée. J'ai lâché la
corde : j'avais pris un de ces oiseaux. Après l'avoir
précieusement ramassé, je tirai la flèche de son
corps, qu'elle avait traversé de part en part : je
commençais à désespérer de voir revenir mon
renne, et prenant froid dans mon immobilité, j'al-

lais rentrer... Quel bruit!... c'est lui, le voilà...
prrr... la flèche part... le renne était à terre, mais
blessé seulement, et il put fuir encore.

» Cependant il paraissait tellement blessé que je
regardais ma proie comme assurée; il ne pouvait
aller plus loin, et j'entendis un petit cri plaintif qui
m'annonçait que je le trouverais sans vie le lendemain. Me voilà une nourriture substantielle assurée
pour longtemps, car rien ne se corrompt vite dans
mon rude pays d'exil. Allons! je suis moins malheureux encore que ne l'ont été un instant mes
pauvres amis perdus sur les glaces; je me trouve
presque heureux en pensant à ce que furent leurs
angoisses passagères, mais poignantes. Je reprends
leur histoire.

» — Le vent est au nord? dîmes-nous. — Oui...
il est toujours au nord, répondit le pilote. — On
peut penser qu'il nous eût été impossible de dormir
pendant cette nuit. Nous la passâmes à aller sans
cesse du rivage au thermomètre, que nous désirions
avec une ardeur bien concevable voir au plus haut
degré de froid. La rigueur de la température aurait ressoudé les glaces, et si les malheureux
n'avaient point péri, nous pouvions espérer leur
retour. Le pilote nous fit concevoir une faible espérance, en se rappelant devant nous qu'Alain et
son compagnon avaient placé dans leur tente une
bouteille de rhum et quelques vivres pour la nuit.

» Alors on lança dans l'air plusieurs des fusées volantes que l'on emploie dans ces parages de longues nuits pour se rallier; les lanternes furent mises en jeu encore. Je criais : Alain! Alain! dans le porte-voix, et de fréquentes décharges de mousqueterie avaient lieu à des intervalles réglés, pour laisser de temps à autre le temps d'écouter. Cette manœuvre continua toute la matinée du 15, et si nous n'avions pas été aussi inquiets, nous nous serions divertis du spectacle des masses de glace que le moindre ébranlement renverse. Elles tombaient comme, au dire de ce pauvre Alain, les sauvages tombaient la face contre terre au bruit de la foudre.

» Rien ne répondait pourtant.

» — Le vent est au nord! répétâmes-nous pour nous donner du courage.

» Voilà le froid! nous qui avions tant abhorré la mer de glace, nous la demandions à genoux. Le temps s'épura, le soleil brilla de la plus sereine clarté, mais sans donner la moindre chaleur, tant l'air glaçait ses rayons.

» — Le vent est au nord! le vent est au nord! nous écriâmes-nous avec joie.

» Le soleil n'était pas encore couché que la glace était reprise de toutes parts. Je montai sur la hauteur et vis la mer fermée partout; aucun mouvement jusqu'à l'horizon, mais pas une ombre encore! L'espoir nous était revenu trop confiant, et quand la nuit tomba nous fûmes plus abattus que jamais : s'attendre à trop et voir trop beau, c'est se préparer des chagrins. Par un étrange découragement, on cessa l'emploi des signaux ; je persévérai seul.

» Voyant que ma voix était impuissante, je courus vers un tas de débris de chair de baleine et de graisse. Le feu mis à ces matières devait produire un brasier flamboyant et visible au loin. L'idée à peine conçue était exécutée, et la flamme pétillait déjà. Tout le monde approuvant mon expédient, vint attiser le feu qu'activait la violence de l'air froid et un vent continuel. La flamme soufflait comme un ouragan, et le vent du nord luttait avec elle. Des gerbes d'étincelles flottaient çà et là autour d'une colonne de feu qui montait droit dans le ciel noir. La neige des montagnes de glace voisines, fondue subitement par cette forte et soudaine chaleur, roulait en cascades, et ces larges nappes d'eau reflétaient le feu... mon feu de joie, mais de craintive espérance. Les pics de glace les plus enfoncés dans l'horizon se teignaient d'un rose tendre, et, de plus près en plus près, les reflets étaient carmins, rouges, pourpres, ponceaux ; autour de nous c'était l'enfer.

» — Voilà un beau phare pour les guider, dit le capitaine.

» Quand le vent cessait, cet immense jet de

lumière pâlissait; une barrique d'huile, dont on ver-
sait alors une partie dans le foyer, rendait la flamme épaisse, d'un jaune éclatant et compact, et le
brasier flambait plus que jamais. Nous l'avions
bien espéré : ce fut pour eux un phare splendide;
car voilà qu'une voix lointaine cria : Ohé! ha! ha!
Cette voix était bien indistincte encore; car dans
ces climats un bruit traverse des distances infinies.
Ohé! ha! ha! On approchait et je croyais bien reconnaître une voix chérie. — Holà! oh! Cette fois
je n'en doutai plus : c'était Alain, en effet, que son
activité infatigable avait déjà tiré de plus d'un mauvais pas. — Alain! Alain! m'écriai-je en courant
vers lui.

» Alain! répétai-je avec ivresse, te voilà, que
Dieu soit loué!

» C'était heureux, car tout était consumé, et les
lueurs pâlirent comme le soleil à la fin du jour; la
nuit revint.

» Oh! quel bonheur quand les deux égarés
furent au milieu de nous! Je ne pouvais en ce moment concevoir de plus vive joie que celle de la
rentrée au pays et près de ma mère.

» Ce récit m'a soutenu, m'a fait du bien, et mon
cœur bat plus fort depuis que je me suis rappelé
par écrit ce bonheur, le dernier. Me voilà à présent
plus seul que jamais. Il ne me reste rien à raconter
de mes souvenirs : cela m'attriste. Allons, allons,

du courage! il t'en faudra longtemps, Guénolé. Au sommeil, s'il est possible, et à demain la suite du journal. »

XVII. — LA MÈRE.

« 16 octobre. — J'ai passé la nuit assez paisiblement, quoique je me sois endormi avec de tristes pensées. Oh! oui, j'ai dit tout ce qu'il y avait en moi de souvenirs animés et vivaces; j'ai vécu presque heureux en les écrivant; mais à présent je retombe. Que faire? Je commencerais bien encore à les raconter sur le papier, mais le papier, mais l'encre me manqueraient trop vite. Eh bien! tous les matins, tous les soirs, je me rappellerai ces instants de vives angoisses et de vives espérances; je les relirai dans mon journal. Mais un instant viendra où j'en serai fatigué... ils m'ennuieront. Oh! l'ennui, l'inactivité d'intelligence, quelle perspective! Allons! que mes mains ne soient pas oisives du moins! Le froid est très-vif. Je vais m'échauffer à creuser une tranchée autour de ma maison; j'ai une pioche et une pelle, par bonheur, et je puis m'entourer d'un fossé assez large pour que les ours ne puissent pas le franchir. Adieu à mon journal, adieu à ceux qui le liront.

» Voilà deux heures; le soleil va se coucher; il

brillait depuis onze heures. Comme il s'en va! J'ai
ainsi arrangé ma journée : dès que le jour paraît,
je me lève, et, s'il n'y a point de brouillard trop
épais, je sors et vais toujours courant, mon arc et
mes deux flèches à la main, pour chasser sur le
rivage. Il y a abondance de cygnes et de canards.
J'en prends quelquefois; mais ces oiseaux ont des
ailes; ils s'envoleront, quand le froid sera insoute-
nable, vers des pays chauds, et moi je resterai.
J'en profite cependant et je me fais une provision,
ou bien je vais ramasser des mottes et des mousses
que j'arrange pour faire des mèches à ma lampe
d'huile de baleine. Après cette tournée, et en revenant à la maison, je monte ordinairement sur la
hauteur pour regarder la mer, et je rentre. Il fait
nuit alors et j'allume; j'écris, je lis, ou je fais des
lignes avec mon linge que j'effile. Elles m'ont déjà
servi à pêcher deux truites et un petit brochet. On
voit que je vis quelquefois en grand seigneur. Aujourd'hui, après avoir fini mon travail de la journée, je suis monté sur l'éminence d'où l'on décou-
vre la mer. Elle est libre toujours, et à son aspect,
depuis quelque temps, je n'ose dire quel sentiment
s'empare de moi. Ce ne peut pas être de l'espérance :
c'est de l'espérance cependant, je ne puis détacher
ma vue de l'horizon. A force de l'y tenir fixée, elle
vacille, se trouble, et je crois voir au loin du mouvement. et mon cœur bat. Si un pic de glaces ayant

quelque peu forme de voile, si un glaçon ayant la
figure confuse d'un navire, frappent alors mes yeux
éblouis, le sang me monte du fond du cœur au
front, et me voilà sur le point de m'écrier : Je suis
sauvé; c'est une voile!

» Ces sentiments, ces illusions, ce fol espoir, j'y
cède à mon insu; je le crois parce que je pense que
Dieu me trouvera assez puni; mais non, je n'ai pas
suffisamment expié ma faute; Dieu est juste et il
doit me châtier.

» Voici le milieu du jour, je sors pour chercher
mon renne.

» Oh! quelle scène vient de se passer! je suis
sorti il y a une heure environ, comme je l'ai dit,
pour chercher mon renne, en suivant sa trace aux
gouttes de sang répandues sur la neige; j'avais fait
cent pas à peine, quand je le trouvai qui venait de
rendre le dernier soupir, et puis j'entendis, comme
hier, un cri plaintif encore : c'était l'adieu à la vie.
Alors je le pris par la tête et le traînai pour fermer
la porte derrière moi et mon butin, jusqu'à la maison; mais comme je me retournais j'aperçus un
petit renne qui se tenait à quelques pas du seuil, et
qui me suivait timidement. Dans ses yeux, brillants
comme s'ils étaient couverts d'une larme, on voyait
une vive expression de terreur. Ma peau d'ours
blanc l'épouvantait, et j'eus peine à lui persuader
que je n'étais pas un de ces féroces animaux. Cepen-

dant ma voix, que je fis la plus douce possible, le
convainquit par degrés, et il entra à la suite du
cadavre du grand renne que je traînais. Quel spectacle j'eus alors! Il se précipita comme un enfant
affamé sur les mamelles du grand renne femelle, et
de ses deux petites pattes menues il les pressait,
mais en vain; elles étaient mortes, elles n'avaient
plus de lait. Alors le pauvre petit se mit à lécher sa
mère (car c'était elle à coup sûr), en la regardant
d'un œil qui suppliait : — Pourquoi ne me donnes-
tu plus mon lait? — Et il recommença à couvrir de
sa petite langue les yeux fermés de sa mère; et
quand il l'eut bien caressée ainsi, il revint à ses
mamelles, aussi arides qu'auparavant. — Pendant
que j'écris, en ce moment même, il cherche son lait
encore, et de temps à autre m'adresse de petits
gémissements.

» Quel reproche que ces gémissements! Cette
pauvre mère venait peut-être chercher pour son
enfant quelques mousses, quelques lichens, quand
je l'ai tuée. Pourrai-je me plaindre, à présent?

» Et si je dis à deux genoux et les mains jointes :
Mon Dieu! vous m'avez donc pour toujours éloigné
de ma mère! je ne pourrai jamais prononcer ces
mots sans ajouter : Guénolé, tu as ôté une mère à
son enfant, un enfant à sa mère, toi-même. — Mais
je répondrai : C'était pour me nourrir, pour vivre
et avoir le temps de demander pardon, pour pouvoir

enfin retourner dans les bras de mère Gotte. —
Oh! j'aimerais mieux mourir de faim que de toucher à cette chair. — Le pauvre petit renne dort à
présent entre les pattes de sa mère; dort-il ou est-
il mort? — Je vais me coucher bientôt; que mon
feu est terne! que ma lumière est triste! que je suis
seul! c'est un calme effrayant. J'entends pourtant
encore un bruit... que j'aime le bruit des flots! La
mer est libre toujours, et ne sera pas prise, comme
l'an dernier, dès le 24 octobre. A cette époque la
saison était bien plus rigoureuse; mais nous étions
ensemble : j'ai plus froid cette année!

» Oui, la mer ne sera sans doute de glace qu'a-
près le départ du soleil. Alors quel silence de mort!
C'est que tout sera mort autour de moi. Pauvres
petites mousses, herbes passagères, moineaux des
glaces qui voltigent encore dans l'air froid, souris
blanches qui courent encore au milieu des glaçons,
tout sera mort, immobile. Quand je me réveillerai
au milieu de la nuit, de la véritable nuit, car le jour
en sera une à peu près, quand je me réveillerai,
peut-être après un beau rêve du pays, j'écouterai
et je n'entendrai rien, pas même le murmure de
l'Océan calme. C'était ce bruit-là que j'aimais à entendre à Arzal au milieu des nuits, ou bien encore
un chien qui aboyait, un paysan attardé qui passait
dans la *venelle*... Oh! je veux revoir ma Bretagne!

» Mon almanach contient une carte de mon pays

du Morbihan. Il me semble que je la vois s'animer, comme tout à l'heure l'horizon. Ce n'est plus du papier ni des traits bleus et rouges, c'est la Bretagne : voilà la mer du Morbihan qui scintille au grand soleil, ainsi que les voiles des pêcheurs. Ah! c'est là qu'est ma cabane d'Arzal : je la vois bien : la vache rentre de *la prée*; le soir arrive, ma mère est assise à la porte, la cheminée fume; oui... je vois bien de loin la fumée rosée aux rayons du couchant. C'est la galette qui est sur le feu, et les *grous* de blé noir arrosés de beurre frais : c'est pour moi que tout cela s'apprête. Hélas!... je suis parti : me voilà en mer. C'est mon premier voyage.

» Le vaisseau file joyeusement, et je ne pense pas au chagrin de ma pauvre mère. Voilà le golfe de Biscaye, le cap Finistère, les Canaries, le pic de Ténériffe. La carte est radieuse, c'est le cap où le soleil est si ardent. Puis voilà les ombrages des îles de la Sonde et les *pros* se croisent dans les baies bordées de verdure; je sens les parfums de Ceylan et du golfe de Bengale. Voilà Manille, où le jour est si éclatant!

» Quand je pense au soleil, cela m'éblouit comme quand on passe de l'obscurité au grand jour... Que viens-je d'entendre!... un petit grattement comme celui d'une souris : c'est là, dans ce coin. Le bruit que j'ai fait l'a effrayée; je vais rester immobile, elle reviendra. Ce sera encore un être vivant que je verrai du moins; car j'ai peur que ce pauvre petit renne ne meure de douleur.

» O ma Bretagne! ô mes îles verdoyantes du Morbihan! je vous aime mieux que tout ce que j'ai vu de pompeux autour du monde. Que me font les oranges et les ananas des Antilles, quand je voudrais une pomme de notre verger? Tous les palais des rois ne valent pas à mes yeux le vieux manoir de Sucinio ou Souci-n'y-ot; c'est, comme me l'a dit M. Mahé, ainsi qu'on écrivait autrefois.

» La souris... je l'entends encore... la voilà. Elle est blanche comme la neige et la glace qui m'entourent. La voilà qui avance avec précaution. Chut!... qu'elle est jolie! Elle ne me voit pas; ou, si elle me voit, elle n'a pas peur : elle n'a jamais vu d'homme sans doute, et voici une réflexion triste qui vient à ce propos : un animal ne redoute donc l'homme que lorsqu'il le voit pour la seconde fois. C'est qu'il lui a fait du mal. Oh! si cette souris voulait venir tous les jours à moi et me tenir compagnie, et donner quelque mouvement à cette morne solitude, je l'aimerais... J'ai un peu de biscuit près de moi, je vais le lui émietter. Elle vient, elle le mange sans crainte; elle approche et approche toujours. Elle ne me craint donc pas; sa confiance me touche. — Reviens souvent, ma petite compagne, et tu trouveras toujours ton repas. — Elle a disparu comme une flèche, mais je suis moins seul, ce me semble; il y a là deux êtres près de moi, le renne et la souris, qui vivent, qui ont faim, qui ont soif comme moi, et qui viendront tourner autour de moi et me regarder. — Mais j'ai assez écrit aujourd'hui. Mon petit renne dort... tant mieux; j'aurai bien soin de lui, pour tâcher de le consoler un peu. — Je ferme mon cahier et je me couche. »

— Et nous aussi, dit M. Mahé en fermant le journal.

— Oh! Monsieur, dit Gotto, est-ce que vous aurez bientôt fini?

— Dans quelques jours, ma bonne.

— Ah! mon Dieu!... Alors, monsieur Mahé, je vous en prie, ne lisez plus que les soirs... Ce pauvre enfant! — Avait-elle un pressentiment qu'elle apprendrait quelque chose de funeste dans les dernières lectures?

XVIII. — L'AUTRE ROBINSON.

« 17 octobre. — Ce matin le soleil a paru à onze heures, et quand j'ai voulu me lever je ne l'ai pu. Je ne sais si le froid de la nuit m'a saisi : il a été violent, car mon encre était gelée à une certaine épaisseur, et ma respiration a formé au-dessus de ma tête, au plancher, une couche de glace; quelle qu'en soit la cause, je suis brisé, j'ai la fièvre, ma tête souffre, et j'ai la bouche brûlante. »

— Il est malade, mon Dieu! je veux y aller, monsieur Mahé... Il est malade! de quel côté est-il, ce malheureux pays? Ah! mon Dieu!...

Elle perdait la tête; elle songeait vraiment à partir sur-le-champ. M. Mahé ne vit d'autre moyen de la calmer que de lui rappeler la *part de l'absent* du gâteau des Rois.

— Ah! c'est vrai, monsieur Mahé; je vais voir par là s'il est bien portant à l'heure qu'il est.

Elle courut donc et rapporta le gâteau tout aussi sain, tout aussi intact que quand il fut consacré à Guénolé. M. Mahé fut content et sourit quand il vit cela : il eût sans doute été grave et préoccupé s'il eût vu le contraire. Il reprit donc le journal en quelque sorte avec plus d'assurance.

« 19 octobre. — Je vais bien actuellement; mais j'ai eu deux jours de fièvre et même de délire. Alors il me passait dans la tête mille visions confuses que je ne saurais raconter. Je cherchais à me rappeler les premières paroles que j'avais entendues, la sensation des premières caresses de ma mère; je courais après toutes ces pensées comme un enfant après les papillons, ou bien tout à coup m'apparaissait le jardin de notre maison ou la basse-cour remplie de fumier et de goëmons que j'allais ramasser à la basse mer pour engraisser notre petit

champ, et voilà que cette douce apparition se con-
fondait avec les glaces hérissées qui m'entourent,
les gazons veloutés, les champs de glace, les fleurs
du printemps, les arides lichens ; une confusion qui
me rendait fou, un trouble d'insensé ; j'avais la
fièvre chaude, le délire ; ou bien, si le mal s'apaisait
par moments, je prenais mon Robinson, je le lisais
à la clarté de ma lampe d'huile fétide.

» Oh! que je suis plus malheureux qu'il ne le
fut jamais! me disais-je avec désespoir ; et alors je
comparais mon sort et le sien. Se soumettre à un
arrêt d'en bas que l'on a en quelque sorte rendu
soi-même ; avoir dirigé la main qui nous a frappé,
c'est un sort bien dur, parce qu'il s'y mêle des remords. C'est moi qui m'étais exilé ; j'étais misérable
par moi seul ; j'avais choisi le mal, je l'expiais.

» Mais le voici dans son île, moi dans la mienne.
Quelle différence! Le naufrage lui a laissé tout un
navire chargé des nécessités de la vie : munitions,
vêtements, outils de toute sorte, provisions, il a
tout en abondance. On ne m'a laissé que quelques
livres de biscuit, des patates en abondance, aussi,
mais aucune boisson salutaire, aucun cordial qui
m'eût été si précieux pendant ma maladie. Sa terre
est chaude, brûlante quelquefois, et cependant ra-
fraîchie par de limpides courants d'eau ; la mienne
est froide, glacée, et ne me donne pour me désal-
térer que de la neige durcie, fondue à grand'peine

auprès du feu. Il peut tous les jours parcourir son île, il y trouve de riants bosquets, de fraîches vallées, il s'y fait une maison de campagne ; moi je suis relégué entre ces cloisons que perce le froid, où cependant la fièvre me consume. Il peut aller à la chasse et se donner ainsi une nourriture forti-fiante ; j'ai été à la chasse, moi, et je n'ai tué qu'une pauvre mère. Il avait laissé tomber sur la terre quelques graines, elles verdirent et fructifièrent bientôt ; oh ! si j'avais quelques semences, je sais un petit coin de terre, je les y jetterais, et quand l'été viendrait je les verrais verdir à vue d'œil ; mais je n'ai pas un grain de blé, pas un grain de seigle. Enfin il n'était pas seul, il avait un chien, un chevreau, un chat, tous animaux assez grands pour le caresser et lui parler en quelque sorte du regard ; moi je n'ai que cette souris blanche, petite, inaperçue, sans expression dans les yeux. — Ah ! la voici ! Viens, ma petite, car tu es une créature vivante, tu me sais gré de ce biscuit que j'émiette pour toi : n'aie point peur, mange à ton aise le plus longtemps que tu le voudras ; prends!

» J'ai bien aussi mon petit renne, mais il ne peut s'habituer à moi ; je lui présente du biscuit détrempé dans l'eau, il n'en veut pas, il repousse la nourri-ture que lui tend la main qui a tué sa mère. Peut-être, quand ma fièvre permettra que je sorte pour enterrer le corps de cette malheureuse mère, peut-

être se consolera-t-il et finira-t-il par m'aimer;
mais jusqu'ici il me fuit toujours en me regardant
d'un œil épouvanté et colère.

» Un nouveau malheur! je viens de m'apercevoir
que ma souris en a attiré d'autres. Je ne l'ai donc
nourrie que pour qu'elle m'amenât une foule d'ennemis! je viens de m'apercevoir qu'elles mangent
ma chandelle et la graisse qui me sert à entretenir
ma lampe. Oh! la seule compagnie que j'aie m'est
nuisible, et je suis réduit à souhaiter le chat de
Robinson pour m'en délivrer, car elles me ronge-
raient toute la provision qui doit m'éclairer pendant
la nuit de trois mois qui arrive à grands pas. —
Voilà une heure que le soleil est levé et il est déjà
à moitié de sa course : cela m'avertit que je n'ai
plus que douze jours à le voir. Sa lumière m'arrive
par une étroite fenêtre; dans les longues journées
il éclairait pendant bien des heures ce lit; aujour-
d'hui les rayons de son lever sont venus droit frapper ma tête; les rayons du couchant vont expirer
bientôt à mes pieds. Je suis d'un œil triste, sur la
muraille, le reflet de ce court voyage de l'astre. Il
sera plus court demain encore, plus court après, et
enfin la nuit sans jour!

» Oui... il faut m'y décider, je vais me lever un
instant et dresser un piège pour prendre ma pauvre
souris blanche : un léger morceau de bois en équi-
libre sous une lourde bûche; au pied de ce soutien

fragile un peu de graisse attachée. La souris
l'ébranlera, je serai délivré...

» Suis-je assez malheureux! Robinson était au
comble de l'abondance, lui! J'ai laissé son journal,
je ne veux plus l'ouvrir; il me ferait pêcher encore
et me rendrait jaloux. De la jalousie! en ai-je le
droit? Pour me délivrer de cette passion mauvaise
et qui tourmente, j'ai raisonné; je me suis demandé
si nous n'étions point punis en raison de nos fautes.
Robinson n'en avait commis d'autre que la déso-
béissance et l'insoumission aux avis de ses parents,
faute grave; mais comme elle ne fut pas suivie
d'autres, sa prison fut moins rude que la mienne :
c'était juste. Car moi j'ai fui ma mère; veuve, son
fils aurait dû lui rester. J'ai été sans pitié, je me
suis livré à mes goûts sans penser à ce qu'elle en
souffrait, et je ne me suis pas arrêté là. Insensible
aux douceurs de la famille, je devais avoir peu de
pitié d'un père séparé de ses enfants, et j'ai failli
mettre une barrière éternelle entre le capitaine
Mahé et son fils et sa fille, et la barrière de glace
s'est fermée entre ma mère et moi quand je désirais
la revoir. Je ne dois point être jaloux de Robinson.

» Ah! mon Dieu, où suis-je donc? je m'étais endormi. Quel bruit vient de me réveiller? c'est mon
piége qui a réussi : la souris est prise.

» Robinson marquait son vingt-sixième anniver-
saire, et il était heureux dans son île; si j'en mar-

quo un, ce sera avec des larmes. — Mais... une chose m'a toujours frappé : c'est que dans son isolement il n'a pas un souvenir pour son pays, pas un mot pour son père, pas un soupir, un regret, un remords! Oh! moi, j'éprouve tout cela! Suis-je donc meilleur que lui? ai-je donc le cœur moins dur? C'est que je suis plus malheureux, et que le malheur attendrit et rend bon. Oui, oui... je ne pense qu'à ma mère! »

XIX. — L'ENFANT.

« Le 20 octobre, au point du jour, à onze heures, j'étais à moitié endormi, à moitié réveillé, et tenant mes yeux à demi ouverts, je suivais debout, sur la muraille, les progrès de l'aurore, cet arc de lumière d'or qui précédait et suivait le soleil. Je me rappelais alors de bien lointains souvenirs, et combien cette heure était douce pour moi lorsque ma mère venait me dire : Bonjour, Guénolé! — Puis je cherchais à me ressouvenir de ses traits, tels que je les voyais alors quand elle venait border mon lit, et avait de moi des soins si caressants qu'ils me faisaient de mes petites maladies d'enfance comme un bonheur de plus : j'étais plus fêté, plus choyé, plus embrassé alors. Cette pensée m'est souvent revenue poignante pendant mes souffrances solitaires;

ou bien je m'efforçais de me retracer la tête vénérable de M. Mahé, quand il me donnait ses premières leçons, que je bénis plus que jamais aujourd'hui, puisque ce n'est que par elles que je ne suis pas tout à fait délaissé. Pendant ces réflexions tristes mais douces, le soleil montait sur l'horizon : ses rayons passaient vite par toutes les nuances de l'aurore et prenaient la teinte dorée, mais brumeuse, de l'automne. Alors me revenaient à la pensée l'automne de Bretagne, et les grands bras noirs entre les feuilles plus rares. Ces réminiscences me réveillaient de plus en plus. — Tout à coup je tressaille; je n'entendais plus rien, plus même la mer : était-elle prise déjà? Pourquoi cette pensée me frappa-t-elle au cœur comme un violent effroi? Que m'importait que l'Océan restât libre? Cette terreur m'annonça que j'avais je ne sais quoi espoir encore. Je m'enveloppai à la hâte, avec anxiété, de ma chaude peau d'ours, et je courus sur l'éminence; je m'étais trompé : la mer était calme, mais toujours dans ce mouvement que Dieu lui a imprimé lors de la création, libre à tous les points de l'horizon.

» Je revins à la maison plein d'une joie inexplicable, et je trouvai le pauvre petit renne, dans sa touchante déraison, qui étreignait encore, de ses deux pattes de devant, les mamelles froides de sa mère; alors je vis qu'il fallait s'en séparer pour m'ôter au plus tôt ce douloureux spectacle. Je réussis avec beaucoup de peine à l'éloigner du corps inanimé, je l'emportai, et l'enfouis précipitamment sous un amas de glaces éboulées le matin.

» Je rentrai : le petit renne fut triste tout le jour, et chercha dans tous les coins sa mère; il pleurait, gémissait, et le doux animal, d'une nature si timide, me menaçait de ses dents quand je l'appelais. Cependant, vers la fin de la journée, voyant qu'il ne retrouvait plus sa mère, il approcha un peu de moi, me regarda moins en colère, et finit par prendre de ma main un peu de biscuit émietté.

» 22 octobre. — Enfin mon renne s'habitue à son maître; je suis sorti ce matin pour aller chercher de la neige et la faire fondre; il m'a suivi, et il est rentré avec moi.

» Il est réconcilié, et me suit en bondissant pendant mes promenades, de plus en plus courtes, puisqu'elles durent autant que le soleil. Il m'accompagne à la tourbière et sur le rivage où je vais toujours amasser du bois; pendant que je pêche, il faut se hâter, car la mer va bientôt être gelée, il court çà et là, de rocher en rocher, recueillir son lichen qu'il aime tant.

» 24 octobre. — Tous les jours précédents se sont passés sans rien de remarquable, si ce n'est que mon renne, comme je l'ai dit, s'est de plus en plus apprivoisé; autant je l'aime pour le mal que je lui ai fait, autant il m'aime pour le bien qu'il

reçoit à présent de moi. Il m'accompagne partout,
dès que je mets un pied dehors; il est doux et privé
comme un chien, et rien n'est amusant comme de
me voir sauter, quand j'ai trop froid, tout seul ou
avec lui plutôt, car il gambade autour de moi et
semble imiter mes pas. Ce matin surtout nous
avons sauté de bon cœur : il était venu avec moi
sur le rivage pour chercher du bois, je dis bien,
car il en apporte toujours entre ses dents un petit
morceau : il veut déjà m'être utile. Je remarquai
avec joie que la provision était considérablement
accrue, et que le courant du nord-est amenait toujours de grands troncs de sapin et des pins entiers.
On devinera qu'en voyant arriver ces forêts flottan-
tes que la lame apportait d'Amérique, je songeai à
mieux qu'au chauffage; j'y voyais le moyen de
construire un radeau : ce sera un travail pendant
mes jours d'hiver, me disais-je. — A la clarté des
éclatantes aurores boréales qui remplacent le soleil,
je lierai ces troncs d'arbres avec des cordes que je
fabriquerai le soir à la lueur de ma lampe, au
moyen de mousses que je trouverai abondamment,
et que je tresserai de façon à les rendre fortes à
toute épreuve, et dès que le printemps reviendra, en
mer mon radeau! — Je me mis alors à bondir
comme un enfant, et mon renne de bondir comme
moi. — Oui, oui... il viendra aussi sur le radeau,
nous ne nous quitterons plus; — et les sauts recommencèrent plus joyeux.

» La mer n'est point prise, et nulle apparence qu'elle prenne bientôt encore. Le soleil n'a pas été aujourd'hui plus d'une heure et demie à passer de l'est à l'ouest.

» 28 octobre. — J'ai encore été malade ces trois jours derniers, et mon cher renne m'a tenu fidèle compagnie; il me parle, il me regarde si tendrement que je n'envie plus le sort de Robinson. Me voilà un ami, enfin! Ce matin je me disais en le caressant : Il grandira, il deviendra fort, et alors je construirai un traîneau, et je parcourrai l'île traîné par lui; il m'emportera comme l'éclair sur les glaces. Robinson faisait en canot le tour de son île, moi je le ferai de même, grâce à mon renne rapide. J'avais en espérance un traîneau pour l'hiver, pour l'été un radeau, et puis le pays plus tard : c'est ce que je me disais en le baisant au front : je remarquai alors que ses yeux si brillants devenaient ternes par degrés, et que ses mouvements étaient faibles; il m'avait semblé en effet que, lors de notre promenade du matin, destinée, comme toujours, pour moi à ramasser le bois jeté sur le rivage et des mottes du marais, et pour lui à brouter des lichens, il avait été moins vif, moins pétulant. Je le regardai encore, et vraiment il pleurait, il regrettait sa mère.

» 29 octobre. — Oh! quel brouillard m'entoure! Ce n'est point, comme au commencement des belles

6

matinées d'automne en Bretagne, un rideau transparent à travers lequel on voit les saules et les peu-
pliers comme des géants, les forêts comme de gros
nuages, et que le soleil pénètre d'une teinte rose
qui semble voler dans l'air ainsi que la poussière
d'or; c'est une épaisse et massive vapeur qui cache
terre et ciel, et me voilà retenu à la maison pour
tout le jour : il a commencé déjà, et bientôt il va
finir... dans combien aujourd'hui? Je vais tenir ma
montre ouverte devant moi jusqu'au crépuscule.
Quoiqu'il fasse jour, il faut que j'allume cependant.

» Ma bonne montre de M. Mahé! elle va toujours bien; depuis quelque temps je remarque pourtant qu'elle retarde : c'est l'effet du froid; elle est
cependant toujours près de moi, même la nuit. Mon
renne va mieux; il a mangé ce matin, et j'ai repris,
en le voyant revenir, mes beaux projets de voyage
dans l'île et sur les glaces de la mer, car j'oubliais
le sort qu'ont failli éprouver l'an dernier mes camarades. Bah! je serai seul du moins! de qui serai-je
séparé? Un glaçon poussé par le vent du nord
pourrait bien me jeter sur les côtes d'Islande...
d'Islande aux Orcades, aux Hébrides, aux côtes
d'Angleterre, au pays... oui... mais si le vent soufflait du sud, où irait mon glaçon? jusqu'au pôle!...
Alors je tressaillis à cette effrayante pensée.

» Ma montre n'a marqué qu'une demi-heure, et
déjà les rayons du soleil ont la couleur du cou-

chant : voilà déjà une nuit qui va commencer! Que
faire? que lire? Robinson? mais cette lecture me
fait mal au lieu de me consoler. Oh! c'est là, je le
répète, un sentiment mauvais — de l'envie! Il était
résigné? Eh! je le suis aussi, moi, et je crois que
j'ai bien plus de mérite que lui à m'incliner le
front sous cette main de glace qui me châtie, misérable, dénué de tout, contraint à me mesurer stric-
tement ma nourriture du jour, à trembler pour
celle du lendemain. Que dis-je? n'ai-je pas mon
renne, un traîneau, un radeau qui me conduira
vers un navire? N'ai-je pas de belles espérances!
une douloureuse pensée me saisit cependant tout
entier quelquefois pendant que je regarde mon ami
qui me caresse de ses doux yeux, ou qui tourne
devant le feu et semble si heureux de se chauffer :
c'est qu'un moment viendra, et bientôt peut-être,
où il sera imprudent de donner des moyens chétifs
d'existence à cette pauvre bête, et qu'il faudra la
chasser sans pitié alors. Une autre idée plus pénible encore me vient quelquefois : il se peut que je
manque d'aliments et que je sois réduit... Oh! dé-
truire ces regards qui me caressent, éteindre ces
beaux yeux noirs, rendre immobiles ces membres
aux mouvements gracieux, ces membres qui, devenus robustes, m'auraient traîné sur les glaces!
jamais, jamais; je t'aime trop, mon renne; viens,
que je te caresse.

» Pour une heure encore, et le jour est fini! »

Depuis quelques jours déjà M. Mahé avait remarqué que Corentin n'allait point à ses heures de récréation dans le jardin ou la *tenue* pour chercher et analyser les fleurs. Son grand-père voulut savoir ce qu'il faisait, et l'ayant guetté au moment où son petit-fils quittait ses études pour une heure, il vit entrer Gotte dans sa chambre. Qu'y allait-elle faire? il lui avait défendu d'aller déranger son élève. Il était sur le point d'y entrer à son tour pour renouveler l'interdiction, quand il l'entendit, elle, la pauvre mère, à son âge, balbutier d'une voix vieille l'A B C dans l'écriture. Cette bien simple circonstance émut M. Mahé autant que tous les malheurs de Guénolé. Bonne Gotte! elle entreprenait avec courage une tâche presque aussi impossible que le voyage à l'ilot de la Désolation, qu'elle avait quelquefois sérieusement projeté. Mais que ne tenterait pas une mère pour son enfant!

XX. — TOUT MEURT.

« 1ᵉʳ novembre. — C'est aujourd'hui une grande fête au pays. Je viens de passer deux heures, depuis que le sommeil m'a quitté, à chercher à me rappeler toute cette solennité à Arzal. Il me semblait que j'y étais. C'était d'abord ma mère qui en-

trait dans ma petite chambre pour me donner mes
habits des dimanches, tout ce que j'avais de plus
beau; et puis, pendant que je m'habillais, la cloche
sonnait. Ah! je la reconnaissais bien; le vent
jouait avec ses sons d'argent. — Pas même un
coup de vent autour de ma cabane! le froid vient et
s'avance silencieusement comme la mort. Il faut
bien que j'anime ce silence. Mon renne dort, il dort
depuis hier. Il faut que je trouve dans mes souvenirs des êtres vivants. — Et quand j'étais prêt, ma
mère me prenait par la main et m'emmenait à
l'église : que tout y était brillant! les plus beaux
ornements luisaient aux rayons du soleil d'automne, pénétrant par les vitraux; l'encens montait
dans ces rayons en nuages blancs, et je chantais...
oui... je n'ai point oublié les airs... il me passe
quelquefois dans le cœur, dans la tête, dans l'âme,
un son lointain; c'est une chanson que ma mère
devait dire à mon berceau, tant le souvenir en est
confus; je suis heureux pourtant quand il me revient. Le jour de la Toussaint, que l'église d'Arzal
était parfumée et chaude! Et puis, quand la messe
était finie, on sortait par le cimetière, et chacun de
nous faisait une prière sur le tombeau d'un parent,
car c'était le lendemain le jour des Morts.

» C'est demain jour des Morts. Je vais aller prier
sur la fosse de Joël. Mon renne ne se réveille point
pour me suivre. Il est donc malade?

» Oh! quel froid perçant il fait à rester immobile, à genoux. Il m'a semblé que je ne pourrais plus me lever, que la terre m'avait pris. J'ai jeté plusieurs mottes dans le foyer, je m'enveloppe de ma peau d'ours : je me remets. J'étais transi.

» Je rentrais bien aussi quelquefois de l'église tout grelottant, mais je trouvais un bon feu, et puis tout aussitôt le dîner, le lard, le bœuf, le grand régal! Il n'était pas néanmoins si gai que ceux des autres solennités : on pensait à la cérémonie du lendemain; on était grave, respectueux comme on l'est dans nos campagnes pour les morts. L'homme qui ne respecte pas son père mort a été un mauvais fils, car il ne se peut pas qu'il l'ait respecté vivant.

» Pourquoi donc pensé-je tant aux morts? en aurais-je à pleurer... ma mère! Voyons cette part du gâteau des Rois; je veux la croire : ma mère est bien portante!

» Un petit souper... Eh! c'est toi, mon renne; viens donc caresser ton maître, tu l'inquiétais, car il t'aime bien. Ses pauvres yeux sont encore à demi-clos par un aussi long sommeil, sa langue s'étend et me lèche les mains : cela me réchauffe, car je suis à tout instant obligé de quitter ma plume pour dégourdir mes doigts, ou présenter au feu mon encre gelée. Enfin te voilà réveillé, mon fidèle! Viens; un biscuit, les patates t'attendent. Il n'en veut pas; il devrait avoir faim, cependant. — Tu es donc malade? — Il me regarde d'un œil si triste, qu'il semblait comprendre, et m'a léché les mains encore — Je cesse d'écrire pour faire mon dîner : des patates et des biscuits trempés d'eau : repas frugal! — Je viens en quittant la table de faire une découverte précieuse. Pour la première fois depuis que je suis relégué sur cette terre, dans cette cabane, j'ai songé à une chose qui m'est précieuse. Il y a dans un coin de la maison un coffre que le charpentier du vaisseau a construit, et dans lequel je jette mon linge en attendant le jour où je fais mon blanchissage. Comme je devais m'acquitter demain de cette partie de mon ménage, je venais de vider ce coffre; il n'y restait plus au fond que quelques poignées de paille, que je n'avais jamais pensé à déranger; mais aujourd'hui, en y passant les mains, j'ai senti quelque chose de rond. J'ai écarté la paille, et qu'ai-je vu? un petit cruchon de terre plein de vieille eau-de-vie!... Quelle providence!... C'est le cordial que Robinson avait et que je demandais pour tempérer la crudité de cette neige fondue que je bois; mais ce qui m'est plus précieux encore, c'est la pensée qui m'est venue que cette circonstance n'est point l'effet d'un oubli, mais bien d'une attention consolante du capitaine. Oh! je veux le croire... je veux le croire : cette idée me fait espérer!

» J'ai fini mon repas; je ne puis me coucher en-

core, je ne dormirais point; sortir! pas davantage.
Il fait nuit complète et le froid me tuerait : je ne
saurais courir sur ce sol glissant. Oh! que ne puis-
je marcher à pas précipités ou courir comme je le
faisais dans la lande? Je fendais l'air qui me frappait au front, je venais à bout du vent de mer,
j'étais fier de ma victoire. Cet élan de la course
agite mes jambes immobiles, c'est un supplice
comme celui de chercher à courir en rêve et de
sentir confusément ses jambes engourdies, cela
m'est ainsi arrivé après des jours de grand mouvement.

» Oh! rester immobile quand on se sent tant de
force, tant d'activité, c'est ce qui tue mon pauvre
renne; c'est ce qui me tuera. Ce froid qui se glisse
sourdement dans les innombrables particules de
l'eau des fleuves et de la mer, les coagule, les fige,
les enchaîne, et un matin ce n'est plus le mouvement des flots et des vagues, c'est de la glace; ce
froid peut bien entrer lentement dans les corps
animés et en faire de la glace aussi; mais cela est
moins facile; nos corps résistent plus, parce que
c'est Dieu qui les fait vivre d'une autre manière.

» Bonsoir, mon renne... veux-tu manger? oui!
prends! prends! c'est à nous deux. A présent, au
tour de ma montre! Je vais la monter; c'est la manière de la nourrir, de la faire vivre jusqu'à demain. Bonsoir, ma mère!

» Quelle heure est-il? quelle heure est-il? O mon Dieu! ma montre s'est arrêtée au milieu de cette nuit des Morts. Un mouvement que fit mon renne au pied de mon lit m'avait tiré d'un bon sommeil; alors je prêtai l'oreille un peu, le mieux que je pus, car j'étais endormi; je n'entendis plus rien, c'est là un mot fatal; pas même ce léger bruit cadencé, régulier, qui m'endormait le soir et me tenait compagnie la nuit quand je me réveillais. Je l'ai pourtant montée en me couchant, me dis-je; je me rappelais bien; cependant je cherchais ma clef pour la monter encore; je la cherchais, car ma lumière était éteinte. Je la trouve enfin. Je tourne la clef une fois, deux, plus rien. Oh! la montre s'était bien arrêtée et c'était donc pour toujours! aussi muette qu'auparavant! je n'osais me lever pour allumer, car le froid était insupportable : je le sentais à ma figure, à mes mains. Que j'aurais aimé que mon renne vînt me caresser alors! mais il dormait et je ne voulais pas le réveiller, pauvre animal!

» Voilà le jour, le jour une demi-heure! J'en ai profité pour regarder ma montre, l'ouvrir, l'ouvrir encore, essayer cent fois la clef; tout est inutile. Voilà bien les rouages, les ressorts, dans le même ordre; rien n'est dérangé, ce me semble. L'âme de ma pauvre montre, c'était la chaleur qui pénétrait les huiles, et le froid les a gelées.

Oh! si je pouvais les fondre en respirant au-
dessus! mon haleine même est froide à ce qu'il
paraît : rien n'y fait, elle est bien arrêtée!

» Que vais-je devenir sans elle! Quand je m'en-
nuyais de ma solitude et de l'immobilité qui est autour de moi, je l'ouvrais et je passais de moins ennuyeux instants à contempler ces ondulations régu-
lières du grand ressort, qui faisait mouvoir si gra-
cieusement le balancier. Ces mouvements visibles
roulaient et déroulaient d'une manière insensible à
l'œil la chaîne qui fait marcher l'aiguille des minutes, l'aiguille des heures. Cette contemplation
m'élevait. Dans cette machine ingénieuse j'admirais
Dieu, car l'homme n'a été que son instrument pour
le créer, de même que les rouages, les vis et les
ressorts sont les instruments de l'horloger pour
faire la montre. Elle est bien arrêtée! que vais-je
devenir!

» Dans quatre jours, quand le soleil ne viendra
plus un seul instant me dire : — Je commence une
autre journée, — où serai-je! Je ne verrai plus.
Mon almanach, que j'aime tant, ne me sera plus
bon à rien; je ne pourrai plus assister en pensée
aux fêtes du pays. Plus de montre! Il me semble
que je meurs déjà un peu.

» O mon Dieu! ce n'était point assez de ma montre : il est mort, lui aussi, étendu devant mon lit :
mon pauvre renne!

- - -

» Je suis resté une heure sans pouvoir écrire ; j'aurais trempé mon papier, et je n'ai pu que pleurer amèrement. Je croyais pourtant avoir réussi à obtenir mon pardon, et je suis plus accablé que jamais, certes, car l'espoir m'était revenu. Ce renne vivant me faisait vivre, et je le regardais comme un signe de miséricorde, un gage de clémence et de pitié, et voilà qu'il meurt, et que tout s'en va avec lui !

» Il faut pourtant essuyer ces pleurs. S'il n'était pas mort ! il est encore un peu tiède. Viens sur moi, dans ma peau d'ours ; je veux te ranimer. Ma montre et toi de moins dans une nuit ! c'est trop : tu ne peux me laisser ainsi ! Et je restai immobile une heure peut-être... Mais, que dis-je, savoir à présent comme le temps passe ! et je ne sentis pas un mouvement. C'en était fait, plus de renne, plus d'amis, plus rien !

» J'aurais été voir le soleil passer, mais un brouillard lugubre s'étend autour de la maison ; je n'en ai jamais connu d'aussi épais : c'est comme un mur grisâtre qui s'élève devant mes regards... O mon Dieu !

» C'est tout ce que j'ai pu dire, et je suis resté les mains jointes ; j'ai dit de ferventes prières. J'ai ensuite pris le renne ; je l'ai porté devant le feu ; je l'ai frotté de mes deux mains, je l'ai présenté à la chaleur et de tous les côtés. -- Mort ! — Puis j'ai pris ma montre, je l'ai agitée à mon oreille; j'ai essayé la clef encore. Rien! le silence toujours. Alors je l'ai tenue longtemps devant le foyer... O merveille! elle a repris vie... elle va! Elle va; oh! j'étais ivre de joie. Je tombais à genoux, je l'écoutais avec ravissement. Elle va! m'écriais-je, comme si j'avais prié Dieu... elle va!... et j'oubliais mon pauvre renne. Quand je fus bien convaincu que la montre était ressuscitée, je pris le renne dans mes bras, et je le tins devant la flamme longtemps : il n'était qu'engourdi, peut-être. Je ne réfléchissais pas que la montre, machine créée par l'homme, pouvait être ranimée par le feu que sa main avait allumé; mais que le renne, créature de Dieu, ne pouvait revivre que par une âme qui n'était point de la terre.

» Et j'écoutais, pour me consoler, ma montre encore. Ciel! le mouvement avait une seconde fois cessé : le froid l'avait repris.

» Et mon encre qui pâlit! est-ce le froid qui la décompose? elle pâlit tous les jours. »

XXI. — LA MALÉDICTION DU FROID.

« Oui, c'est vrai... c'est de froid que je devais mourir...

» Je me suis réveillé ce matin en disant ces

paroles. Je sortais pourtant d'un beau rêve. J'avais
construit mon radeau, le printemps était venu; j'y
montais, je levais l'ancre... Hoé, du navire! m'é-
criais-je en voyant au loin un bâtiment qui filait à
toutes voiles devant moi, que le courant portait ra-
pidement aussi... Ho, du navire!... et j'ai dit, en
perdant cet heureux songe : Oui, je devais mourir
de froid! J'ai cherché, j'ai réfléchi, je me suis rappelé pourquoi ces tristes mots ont été la fin de mon
rêve. Je le répète : C'est de froid que je mourrai.

» Il y a dix ans déjà, j'étais encore à Arzal, et je
ne songeais pas aux voyages qui m'ont jeté ici; je
n'aimais que ma mère, et ma mère n'aimait que
moi, ne caressait que moi sur terre : j'étais tout
pour elle. Nous avions alors un hiver bien froid;
mais, quelque froid qu'il fût, c'était le printemps
comparé aux glaces horribles qui m'entourent et
que je respire; si les oiseaux ne trouvaient pas un
grain, pas un vermisseau à manger, ils venaient se
réfugier dans le tuyau de la cheminée, et nous les
entendions gazouiller pendant que nous nous chauf-
fions : la terre était couverte de neige durcie, mais
quelques petites herbes la perçaient quelquefois;
les arbres dépouillés étaient tout blancs de la brume
gelée la nuit; mais le soleil, à midi, s'il ne la dis-
solvait, la faisait briller comme des diamants ou un
gazon couvert de rosée. Que je voudrais être au
milieu d'un hiver de mon pays! mais je n'en con-

naissais pas d'autre, et, comme tout le monde, je le trouvais bien rude.

» Il était rude en effet, car il avait rendu impossible l'exploitation de certaines tourbières dont le sol était revenu dur comme du roc, et les pauvres gens qui n'avaient point de provisions de mottes ne pouvaient en extraire alors; on avait donc permis aux malheureux de ramasser le bois mort dans les bois de Marzan, et la foule y était, car il y avait beaucoup de malheureux.

» Quant à moi, je m'inquiétais peu du froid, il me donnait de la gaieté et de la force; celui que j'éprouve ici, au contraire, me délabre et me consterne. Ma mère, à force d'être tourmentée par moi, avait consenti à me laisser courir dans la lande avec de petits camarades; tandis que les plus âgés du village allaient faire la chasse aux bêtes fauves, nous allions, nous, dresser des gluaux, des piéges, pour prendre les oiseaux affamés, et nous les attirions avec du pain émietté : ces pauvres bêtes se jetaient sur la nourriture pour vivre, et ils étaient captifs. C'est un jeu perfide que de tendre des embûches sous du pain. Cependant le froid nous saisit et nous laissâmes notre chasse pour courir et glisser. Oh! que j'aimais à glisser contre le vent : c'était comme si je nageais dans la mer porté par un courant rapide. L'immobilité où je suis retenu me semble plus insupportable à ces pensées.

» Notre chasse étant finie ainsi que nos parties de jeu, nous revenions gaîment, les uns portant un loup, un renard, quelquefois un sanglier; nous, quelques petits oiseaux, quand j'aperçus un jour, dans un petit clos qui nous appartenait, une vieille femme courbée en deux, tremblotante de froid et de vieillesse, qui faisait un fagot de branches de genêt.

» — Ne remuez pas, dis-je à mes camarades; silence... je vais la prendre sur le fait...

» Oh! je ne m'étonne plus de ce qui me menace. j'ai été sans pitié.

» J'avançai alors à pas de loup jusqu'auprès de l'échalier, et la bonne vieille, sourde sans doute, car elle devait avoir toutes les infirmités de l'âge, continuait et ne m'entendait pas. D'un seul bond je franchis l'échalier et j'étais près d'elle.

» — Holà! que faites-vous ici? m'écriai-je à son oreille.'

» Elle tressaillit et laissa tomber la moitié du genêt qui remplissait son tablier, et glissa presque à genoux sur son bois. Je n'eus pas le bon cœur de réfléchir qu'elle mourait de froid sans doute, qu'elle avait peut-être des enfants, des petits-enfants, qui souffraient près d'un foyer vide. Pouvais-je penser à tout cela, moi qui devais quelques mois plus tard abandonner ma mère?

» — Rendez-moi ce bois, la vieille, ou j'appelle le garde.

» A cette parole la pauvre femme se mit à genoux tout à fait : elle, qui eût été ma bisaïeule, à genoux devant moi! ce tableau me fait rougir de honte à présent; mais alors j'étais impitoyable.

» — Songez donc, mon enfant, disait-elle d'une voix cassée, que je n'ai rien pour faire chauffer ma soupe, rien pour me ranimer un peu quand je me mets au lit, quand je me lève. Vous avez une mère qui vous aime, ayez compassion de moi; ne me prenez pas ce bois, je vous en prie!

» O mon Dieu! avoir souffert qu'une vieille femme me priât les larmes aux yeux! j'aurais dû en pleurer. Au contraire, le garde vint à passer.

» — De ce côté! m'écriai-je; venez, voilà une voleuse de bois, prenez-la!

» Il fallait bien que le garde fît son devoir : il prit la vieille par la main, et elle, aidée ainsi, se leva péniblement, repoussa du pied le bois qui était à terre, jeta ce qui lui restait dans son tablier, et dirigeant vers moi un doigt décharné et me lançant un regard de désolation :

» — Tu es un petit malheureux! tu ne mourras que de froid!

» — Tu ne mourras que de froid! — C'est cet œil fixe qui rendait ces mots terribles!... La malédiction était prophétique et ces paroles puissantes.

Oh! oui, je mourrai de froid. Aujourd'hui 3 novembre, il y a eu soleil; il devait briller un quart
d'heure environ, mais je n'en ai rien vu. Le brouillard a toujours épaissi, et je ne me suis aperçu qu'il
faisait jour qu'à la teinte blanchâtre qu'a prise la
brume; plus cette atmosphère est épaisse, plus il
fait froid : on dirait que l'air gèle et devient autour
de la maison un mur de glace. Ma montre est bien
muette pour toujours, je l'ai réchauffée une heure
ce matin, elle a été quelques minutes et est morte
encore. Mon renne est bien mort aussi. Oh! la
vieille avait raison : je ne périrai que de froid!

» Ce soir la lune s'est levée et a dissipé le brouillard. J'ai mis mon renne dans la terre, dans la
neige, veux-je dire, près de sa mère. Puisse le ciel
rester serein pour que je voie le soleil demain encore! c'est son dernier jour. »

XXII. — ADIEUX AU SOLEIL.

« Je ne sais pas si le 4 novembre est commencé,
s'il est minuit enfin, car le brouillard qui m'empri-
sonnait il y a quelques heures m'a empêché de voir
le moment précis du lever de la lune : elle est belle
à présent, et sa clarté me rappelle ces nuits lumineuses que nous avions au milieu de l'été. A
minuit le soleil était alors un peu moins éclatant

qu'à midi, mais il avait encore une douce chaleur,
et le capitaine comparait le ciel de ces nuits de jour
à ces têtes où l'œil éteint reste ouvert comme s'il
voyait encore. Quelle belle chose que ces nuits de
l'été polaire! c'était le calme de l'heure du sommeil! tout dormait, les hommes, les animaux : les
cygnes ne battaient plus l'air de leurs grandes
ailes, l'on n'entendait plus la course rapide des
rennes et des élans; le chien de ces climats, qui ne
fait que hurler lamentablement, se taisait : c'était
la nuit, et pourtant c'était la clarté du jour le plus
délicieux. J'aimais mieux dormir durant le jour
véritable que pendant ces heures de paix et de
beauté. Quand viendra l'été, je ne saurai les distinguer. Que dis-je? je suivrai le cours du soleil;
je ferai un méridien, un cadran solaire, et je re-
naîtrai!

» Vains projets... Je serai parti, j'aurai fini mon
radeau quand l'été viendra, et je serai en mer,
perdu ou sauvé... Si le bonheur veut que l'hiver
soit peu brumeux cette année, je pourrai aller travailler à mon radeau, au reflet des glaces, qui ré-
pandent toujours, dans les ténèbres de ces îles et de
ces mers, un demi-jour. J'aurai bientôt ramassé
tout le bois nécessaire. Je m'étais livré au désespoir en pensant à la nuit de trois mois qui commence aujourd'hui : c'est Dieu qui m'a rappelé que
j'ai vu souvent l'hiver dernier des nuits un peu

lumineuses; on pouvait aller, venir, marcher en
sûreté à cette lueur. Oh! oui, je travaillerai bientôt à mon radeau. Du courage! c'est que je n'en ai
plus autant depuis que mon renne est mort, depuis
que ma montre ne va plus.

» La lune est couchée à présent, il est tout à fait
nuit encore, mais le ciel est rayonnant d'étoiles. Si
je pouvais attendre un beau soleil levant dans quelques heures, j'aimerais à l'admirer, ce ciel, et à me
dire dans ma contemplation que Celui qui a créé de
si magnifiques choses ne tiendra pas toujours ap-
pesantie la main de sa colère sur un pauvre exilé.
Qu'il fait froid! même ici le feu n'y peut plus rien;
cet horizon sémillant luit comme une arme fraîche-
ment aiguisée : il est aiguisé par un souffle de
glace; il pénètre, il coupe, je le sens bien... J'entends des craquements sourds dans les glaciers :
le froid les fait tendre. — O mon Dieu! la mer va
être prise tout à l'heure peut-être, et je ne pourrai
livrer aux vagues ce journal. Il le faut pourtant;
qui sait ce qui peut arriver? Si la bouteille allait
débarquer du côté des côtes de Bretagne! être
portée à Saint-Gildas! à Arzal! cette pensée me
réchauffe, et il me semble que j'arrive là dans une
chaumière, près d'un bon feu où l'on jette pour
moi un fagot de genêt : tout flambe, tout rit, tout
s'anime. O ma bonne mère, que je t'embrasse! j'ai
été loin de toi bien longtemps. Bonjour, monsieur

Mahé; j'ai voulu faire du mal à votre fils, mais je m'en repens, pardonnez-moi; je veux rester avec vous, je serai pilote lamaneur courageux, dévoué.

» Mais quel froid! j'avais beau être dans mon lit, j'étais transi et je me suis levé. Je ne puis écrire deux mots sans mettre ma main sur mon corps, dans ma peau d'ours, et je ne saurais achever une ligne sans être obligé de souffler sur mon encre pour la dissoudre. Oh! ma pauvre encre se gâte; elle ne marquera bientôt plus peut-être : c'est là le dernier coup qui devait me frapper. Je perds mon renne, ma montre, mon encre! O mon Dieu! il faut donc se hâter de lancer ce journal à la mer!

» Mais quelle détonation effrayante a fait glisser ma plume de ma main!... une lumière a brillé au même instant : c'est comme un coup de canon. Je me doute de ce que ce peut être... et des débris tombent avec fracas sur le toit de la maison... Dois-je mourir écrasé? à la volonté de Dieu! Cet effet annonce un froid terrible! Voyons... courons dehors...

» Oh! je rentre éperdu, anéanti dans la miséricorde qui vient me secourir. Je l'avais bien deviné, ce grand bruit était causé par le déchirement subit de la partie des masses de glace qui forment la hauteur voisine : le froid les a fait éclater si violemment, qu'elles ont produit des étincelles en se séparant, en se heurtant, et que les glaçons, lancés

comme des bombes, sont venus assiéger ma pauvre
maison. Mais rien de surprenant à cela : j'ai vu depuis plus d'un an tous ces phénomènes; ce qui fait
que je m'incline devant la Providence : c'est une
merveille, une source d'eau bouillante comme il y
en a en Islande et au Groënland. Oui, cette soudaine commotion a fait que la terre s'est fendue, et
j'en ai vu jaillir un petit torrent dont la fumée
voltigeait à la lueur éternelle des glaces; j'y ai
tendu la main : oh! le ciel soit béni à genoux! elle
a été réchauffée sur-le-champ, et je puis écrire
sans avoir besoin de frotter ma main encore. Le
bruit continue dans la montagne de glace; un vol-
can s'y trouve peut-être. — Oh! non, il jetterait,
comme l'Hécla, des torrents de flammes, et je
périrais par le feu; ce ne serait pas ici mourir de
sa mort naturelle : c'est bien assez de mon eau
bouillante.

» Le soleil! le soleil! il vient. Cette légère lueur
blanchâtre, qui est comme un rayon de lune voilée,
m'annonce qu'il va passer. Je cours lui dire adieu.

» Me voici de retour! La mer n'est pas prise encore, grâce à une agitation qui dure depuis quelques jours. J'ai le temps de raconter ici, à ceux qui
ne l'ont pas vu, ce que c'est que le dernier jour du
soleil à l'îlot de la Désolation. Un vase de terre
rempli d'eau bouillante me tient de temps à autre
les mains chaudes : je suis heureux.

» J'avais à peine vu les premières annonces du soleil levant, que je courus vers l'éminence des flancs de laquelle jaillit la source que je bénis, et plus je voyais s'arrondir un dôme d'or à l'horizon : c'était l'arc de triomphe qui s'élevait pour le soleil; parvenu à la moitié de la hauteur, je vis le frémissement de vapeurs pourpres qui annonce l'approche de l'astre, et quand je regardai derrière moi à l'autre extrémité du ciel, où les rayons n'avaient plus la force d'atteindre, je vis les étoiles resplendir comme en pleine nuit. Arrivé enfin sur le sommet de l'éminence, je ne tardai pas à apercevoir une petite bande radieuse mais mince comme un fil d'or : c'était là à peu près tout ce que je devais apercevoir du soleil; il monta cependant de quelques lignes encore sur l'horizon, et il n'était pas plus grand que le croissant le second jour du premier quartier. Ses rayons étaient forts en proportion, pas la moindre chaleur; la lune est bien plus lumineuse que n'était cette clarté. Oh! si j'avais pu m'élever plus haut, j'en aurais vu un peu plus.

» Mais en regardant au-dessous de moi, j'eus un merveilleux spectacle. J'avais bien entendu qu'un bruit sourd continuait dans la montagne de glace et sous la terre qu'elle couvre. Un grand œuvre s'accomplissait, et des petits cratères, ayant forme de chaudières immenses, s'étaient creusés en cercle; il y en avait six à peu près dans lesquels l'eau bouil-

lait ou jaillissait en jets fumants, et le soleil qui, à
peine levé, allait se coucher, colorait ces vapeurs
mouvantes de reflets roses. Je n'étais plus malheureux, plus exilé : je n'allais plus avoir froid!

» Adieu! adieu! m'écriai-je; adieu, soleil! et je
sentis des larmes dans mes yeux... Soleil! va
éclairer le pays; sois, au fort de l'hiver, d'une chaleur douce pour ma pauvre mère et pour M. Mahé!
En redescendant bien triste de cette hauteur, comme
si j'avais vu partir un ami, je fus guidé par la plus
magnifique aurore boréale : elle commença tout
aussitôt après le départ du soleil. Une haute pyra-
mide de lumière éclatante, légèrement rosée, s'éleva
à une hauteur considérable, puis elle se mit à on-
doyer et à former une spirale qui se balançait, qui
flottait et se multipliait à l'horizon : bientôt ce fut
une colonnade éblouissante et des jets de lumière de
toutes les nuances qui se croisaient, s'enlaçaient et
se confondaient en serpentant comme le bouquet
d'un feu d'artifice que, étant petit, j'avais vu à
Nantes. Les étoiles aperçues à travers ce réseau de
clarté étaient rouges comme du feu, et un reflet
bleuâtre s'étendait sur toutes les neiges et les glaces
de l'île, pendant que la partie opposée du ciel était
sombre.

» Alors je me rappelai une aurore boréale que
nous vîmes à Arzal : toute la lande semblait en feu,
et l'on disait que c'était la fin du monde; alors ma

mère était à genoux, et priait de toute son âme. »

Gotte fit un hochement de tête affirmatif.

« Enfin, pendant que j'écris, l'aurore boréale s'éteint par degrés ; mais elle reviendra demain, et je saurai que le soleil est alors à la moitié de sa course sur la Bretagne : ce sera ma montre encore, et je ne puis plus me plaindre depuis que j'ai cette eau bouillante pour cuire mes patates, faire ma soupe et me réchauffer les doigts.

» O mon bon soleil que j'aimais tant à voir briller, en me réveillant, sur mes rideaux, toi qui jetais de si grandes ombres sur la lande quand le vent faisait courir les nuages, te voilà parti pour trois mois ! Adieu... je te pleure et je n'en ai pas honte.

» C'en est fait, je n'aurai plus d'autre jour que le reflet des glaces, qu'Alain comparait à ce mirage des déserts de l'Arabie qui trompe le voyageur brûlé de chaleur et de soif ! — Que je voudrais voir mon pauvre Alain ! il me tiendrait chaud. Bah ! je pense à mon soleil de Bretagne, j'y reviendrai, ce me semble : je suis bien portant...

» D'où vient que les larmes passent sur mes yeux à la pensée qu'il faut me séparer de mon journal ? Il le faut au plus vite... la mer sera prise bientôt. Allons, du courage !

» Adieu, mère Gotte... si ce journal arrive jusqu'à toi, je t'embrasse : embrasse ce papier... »

Alors la pauvre mère s'élance et arrache le cahier

des mains de M. Mahé. Elle le serrait sur son
cœur; ses yeux restaient fixés sur ce papier comme
si elle y voyait le portrait de son enfant. — Mon
pauvre ami! mon pauvre Guénolé! — Elle étreignait
ce papier inanimé, et lui aurait donné la vie, si des
larmes et des caresses pouvaient le détourner

M. Mahé voulait le lui reprendre.

— Laissez, laissez, Monsieur... Oh! vous ne
l'aurez plus! il est à moi! disait Gotte avec un accent de force et de volonté qu'elle avait pour la première fois, la bonne et soumise paysanne.

— C'est mon enfant, je ne m'en séparerai plus.

Alors elle parcourut longtemps d'un œil attentif
ces lignes : au mouvement de ses lèvres on voyait
qu'elle cherchait à épeler. Pauvre femme, elle pouvait à peine assembler quelques lettres!

« Mère Gotte, je t'embrasse! » N'y a-t-il pas cela,
Corentin? s'écria-t-elle d'une voix émue.

— Oui, ma bonne. — « Mère Gotte, je t'embrasse; si ce journal arrive jusqu'à toi, embrasse-
le. Adieu! adieu à M. Mahé, à tous mes amis. Du
courage. Dieu garde cette bouteille! A présent, en
mer! Que je t'embrasse!... Je pars pour te lancer
aux flots et je prierai pour toi au retour. »

— Sa prière a été exaucée, dit Gotte en repre-
nant le journal, et je vais à présent prier Dieu pour
lui. Toi, Alix, tu iras dès demain offrir des fleurs à
la Vierge de Bon-Secours.

7

XXIII. — RETOUR DU CAPITAINE YVES MAHÉ.

Le lendemain de la lecture terminée, quand l'heure de se réunir sonna, tout le monde était rassemblé autour de la table dans la salle basse, et chacun avait l'air tout à fait décontenancé, triste même, et de ce genre de tristesse silencieuse et profonde que Guénolé éprouva après la disparition du soleil. Que lire à présent? Quel livre aurait de l'intérêt après le journal de Guénolé? Gotte, qui s'en était emparé, le tenait toujours sur son cœur comme son enfant; elle en pouvait jouir à peine, en lire tout au plus quelques mots, et bien imparfaitement encore, purement par routine; car il ne faut plus espérer apprendre quand on a laissé passer les jeunes années sans étudier. Celui qui a été studieux dans sa jeunesse, au contraire, a la mémoire et l'intelligence nécessaires pour acquérir durant toute la vie, parce qu'il a exercé de bonne heure ces facultés. N'importe : ce journal, elle le regardait le soir en s'endormant, le matin en se levant, sans y rien comprendre, comme une mère qui écoute avec bonheur les bégaiements et les paroles confuses de son premier-né. Elle ne sait pas ce qu'il dit, elle ne distingue rien; toutefois elle le comprend, elle le sent, c'est son enfant qui parle : que lui faut-il de plus? De même Gotte contemplait avec amour ce papier qui avait été touché, écrit, lu bien des fois par son fils : elle croyait l'y voir et l'entendre parler.

— Ah! monsieur Mahé, disait-elle ce soir-là, il me semble que je le revois là... entre ce papier et moi.

— Songez donc, mère Gotte, qu'il y a bien long-temps qu'il est parti, et que vous ne pouvez le voir dans votre pensée tel qu'il est à présent; les voyages de long cours changent : ils doublent l'effet des années; et puis ce temps qu'il aura passé sur l'îlot de la Désolation l'aura vieilli encore... Vous ne le reconnaîtrez pas quand il reviendra.

— Quand il reviendra, dites-vous? répéta Gotte avec un accent de joie et de douleur à la fois : quand il reviendra! mon Dieu! vous l'espérez donc? Oh! que je serais heureuse!...

Et comme en disant ces mots elle sentait son cœur se gonfler, elle coupa court en s'écriant : — Moi! ne pas le reconnaître! sa mère ne pas le re-connaître!... Eh! mon bon monsieur Mahé, est-ce que je n'ai pas toujours vécu avec lui depuis qu'il est au loin? est-ce que je ne l'ai pas toujours re-gardé matin et soir? est-ce que je n'ai pas senti quand il était bien portant, quand il souffrait? il me semble que si. Moi! ne pas le reconnaître! oh! je 'ne veux pas le croire, car je croirais que je ne l'aime pas, et je l'aime toujours, bien qu'il m'ait fait du mal. Voilà les pauvres mères, mes enfants. Oh! je l'aime toujours, et je le reconnaîtrais; mais... Et les larmes la suffoquaient... Ne parlons plus de cela, monsieur Mahé...

C'est ainsi que cette première soirée se passa, bien tristement; par bonheur elle ne fut pas longue, car on se trouvait alors vers la fin de mars : le jour durait jusqu'à six heures et demie, et comme on allait au lit à huit heures, le temps était bientôt écoulé, grâce au souper qui venait le dépêcher encore.

Le lendemain matin, M. Mahé ayant appelé Gotte à plusieurs reprises pour quelque service, et ne la voyant pas venir, la cherchait dans sa maison, quand il l'aperçut dans sa chambre, dont la porte était entr'ouverte, bien occupée d'un soin touchant : elle tirait de son armoire tous les jouets qui avaient servi à l'enfance de Guénolé, et les regardait avec amour; elle les prenait, les posait, les prenait encore, et ne se lassait pas de toucher ce qu'avaient touché les frêles mains de son enfant. Ensuite elle dépliait ses premiers vêtements, ses langes, ses petites robes; les pantalons qui les avaient remplacés; puis elle vint à une grande pièce de mousseline, une espèce de voile qui avait servi au baptême de Guénolé : alors pressant cette étoffe, qu'elle conservait précieusement, à deux mains sur son cœur, elle s'écria : — O Notre-Dame de Bon-

Secours! si mon enfant revient à moi, je te ferai de cette étoffe un devant d'autel! — Mahé fut attendri par cette effusion touchante, et se garda bien de la troubler en appelant Gotte encore.

Le lendemain, le jour suivant, deux ou trois soirées se succédèrent bien languissantes, pour les enfants surtout. Corentin travaillait à ses devoirs, et Alix à coudre ou à ranger la collection qu'elle préparait pour son père, tandis que Gotte avait repris le cent de piquet de son vieux maître, jeu qui ne l'amusait plus guère depuis le journal de son enfant. La partie était en effet plus traînante qu'autrefois : entre chaque coup c'était un silence complet, quelque observation peut-être sur le jeu qui venait de passer ou par hasard une nouvelle de la côte ou des chasse-marées jetés par le vent sur les écueils de Houat ou sur les rochers des Cardinaux.

Ce dernier sujet de conversation était même alors malheureusement le plus à sa place. Les coups de vent de l'équinoxe ébranlaient les vitres et les volets : c'était effroyable. Un soir surtout il y eut une si terrible bourrasque que les cartes tombèrent à la fois des mains de Mahé et de Gotte, et la serviette qu'ourlait Alix échappa d'entre ses doigts; la plume de Corentin resta suspendue sur une phrase de *Cornelius Nepos*, et la levrette, dont la tête flottait dans un sommeil naissant, se redressa en poussant un petit cri.

— Ah! mon Dieu! les malheureux qui sont près de la côte! s'écria Mahé.

— Par bonheur mon pauvre Guénolé est à l'abri,

— bien triste abri!... Mais il ne fera pas naufrage : je suis tranquille, du moins.

— Tous les pêcheurs étaient-ils rentrés à la nuit, ma bonne? dit Alix.

— Tous? je le crois... je l'espère.

— Dieu le veuille! s'écria la bonne petite fille.

— Pauvres malheureux qui sont sur la côte! répétait Mahé entre ses dents, se rappelant sans doute sa profession ancienne de pilote lamaneur... Pauvres malheureux! Quel pilote pourrait tenir la mer en ce moment?

Après de si douloureuses réflexions, y avait-il moyen de relever les cartes tombées sur le vieux tapis vert? non, sans doute : le bonhomme Mahé et Gotte en étaient incapables. Les cheminées, les ardoises, les contrevents, tout volait et tombait dans la ruelle du village, et le bruit de la mer qui était assez éloignée encore doublait les rugissements du vent : il semblait que l'on entendît à tout instant des coups de canon. Un coup de canon en mer au milieu d'une tempête, c'est la voix qui crie : au secours! — Mais qui eût pu aller au secours d'un navire en détresse en ce moment! C'est ce que murmurait toujours le vieux pilote Mahé.

Son chagrin fut bien plus vif encore quand son

successeur, le pilote lamaneur de Saint-Gildas, entra près de lui, son ancre d'argent à la boutonnière, pâle et l'air désolé.

— Eh bien! quelles nouvelles, Le Hézo? demanda avec anxiété le vieillard.

—Vous l'entendez, monsieur Mahé, mauvaise nouvelle qu'un si gros temps! Et se dire qu'il n'y a pas moyen d'aller à l'aide des pauvres malheureux qui sont dans l'embarras!

— Qu'y a-t-il donc?

— Eh! un navire dans les eaux de Belle-Isle au milieu de cet ouragan!... O mon Dieu! être pilote, vouloir secourir son prochain et ne le pouvoir!...

Le brave pilote lamaneur s'en arrachait les cheveux.

— Eh bien! ce navire dans les eaux de Belle-Isle?...

— Que sais-je?... J'avais entendu des cris et un coup de canon; je suis monté sur le rocher de la chapelle de Bon-Secours, j'ai vu ce malheureux navire qui se dirigeait sur Belle-Isle : j'ai vu distinctement ses fanaux.

— Quel pavillon?

— C'est tout au plus si je pouvais distinguer le bâtiment; mais il est dans une mauvaise passe. Les pilotes qui sont à la pointe des Cardinaux auront-ils pu aller au-devant de lui? je ne l'espère pas, quoique j'aie entrevu une petite lumière que ballottait la mer : c'est peut-être la lanterne de la *yole* de ces pilotes. Entendez-vous ce maudit vent toujours? Oh! monsieur Mahé, que je souffre de ne pas pouvoir sauver ces malheureux qui échouent peut-être en ce moment! La côte de Belle-Isle est mauvaise partout; vous avez la roche de Bassepalais qui n'est pas douce. Etre retenu à terre... que je suis malheureux!

Il fallut consoler ce brave Le Hézo de ce qu'il lui était impossible de courir à la mort dans l'espoir d'en sauver d'autres hommes; mais il ne pouvait se tenir ainsi renfermé; il voulait du moins savoir ce qui se passait, et il monta encore sur le rocher de la chapelle de Bon-Secours, au risque d'être cent fois emporté par les trombes. Avec sa lunette d'approche de nuit, il découvrit enfin le navire qui l'avait tant inquiété dans la grande rade de Belle-Isle : il était donc alors à peu près en sûreté. Il revint donner à M. Mahé cette nouvelle, et l'on alla se coucher un peu rassuré par le pilote.

Ce n'est pas à dire que l'on dormit de toute cette nuit dans aucune des maisons de Saint-Gildas : le sommeil ne vint qu'aux enfants, à qui rien ne peut l'ôter, et qui reposent paisiblement au milieu des tempêtes, comme les anges du ciel dont ils sont les frères, qui ne sont point troublés par les orages de ce bas monde.

La nuit avait été mauvaise sans interruption; le jour ne ramena point la paix et le beau temps. Quelle désolation c'était que la rue du village quand, dès le matin, Gotte ouvrit les volets! Des débris de toits et de murs jonchaient le sol, de pauvres femmes et des enfants éplorés couraient de porte en porte demandant si l'on n'avait point de nouvelles de leurs maris, de leurs pères; puis, n'en recevant aucune, ces femmes et ces enfants, orphelins et veuves peut-être depuis cette nuit, allaient se précipiter au pied de l'autel de Notre-Dame de Bon-Secours, promettant à la Vierge des bouquets de coquillages, un beau devant d'autel, si ceux qu'ils pleuraient n'étaient pas morts. Ensuite tous redescendaient sur la plage, et ils y voyaient avec effroi des barques brisées, une rame d'un côté, une chaloupe vide flottant à l'abandon sur les vagues, et les femmes et les enfants tombaient à genoux devant cet autel, le ciel chargé de tempêtes.

Mahé d'un côté, Gotte et les enfants de l'autre, employèrent toute la matinée à passer de maison en maison pour savoir des nouvelles de chacun, félicitant les uns, consolant les autres, donnant quelque argent où il était besoin, et sortant toujours bien aimés et bénis. Cette tournée les réunit tous chez le pilote Le Hézo, qui n'avait pas dormi, tant il était torturé par la pensée qu'il était captif, enchaîné par ce mauvais temps, réduit à l'impuissance de faire le bien. Il venait d'entendre dire à l'instant que le navire qui était entré dans la rade du Palais, à Belle-Isle, était celui que commandait le capitaine Yves Mahé.

— Mon père!... mon père!... mon fils!... s'écrièrent à la fois le vieillard, Corentin et Alix.

Tout aussitôt le bonhomme Mahé monta avec sa longue-vue sur le rocher de Bon-Secours, et de ce point élevé il crut distinguer en effet le bâtiment de son fils, grâce à un rayon de soleil qui perça pendant un moment.

— Le Hézo! Le Hézo! vite votre yole en mer; le temps est moins mauvais, allons à Belle-Isle!

— Je veux bien y aller seul; mais avec vous, non. Y pensez-vous? passer entre Houat et Hédic avec vous que j'aime? non pas... non pas, monsieur Mahé; vous êtes un brave, vous avez du cœur; mais que voulez-vous? c'est l'effet de l'âge, vous n'avez plus de force, et on peut en avoir besoin dans de pareilles bourrasques : il faut mettre la main à la rame, et votre main a vieilli.

— C'est vrai, répondit tristement le vieux pilote.

— Laissez donc faire à ceux qui sont vigoureux : j'y vais sur-le-champ avec mon matelot. Que dirai-je au capitaine si c'est bien son navire en effet?

— Amenez-le, s'il se peut, ou sachez de ses nouvelles au moins.

Le pilote fit comme il l'avait dit, et au bout de quelques minutes il partit avec son matelot dans la chaloupe, tandis que Mahé et ses petits-enfants montèrent sur le rocher pour les suivre du regard.

Quant à Gotte, elle ne voulut point aller avec eux, non point qu'elle désirât du mal au capitaine Yves Mahé (elle n'en voulait à personne, l'excellente âme de femme); mais cet instant était bien dur pour elle : voir le capitaine qui avait abandonné son fils; lui qui devait le ramener, le voir revenir seul, bien reçu, bien fêté, quand elle pleurait son enfant qui aurait dû être de retour avec lui, cela lui parut impossible. Elle rentra dans la salle basse, et y alluma un bon feu pour M. Mahé, pour ses enfants, pour le capitaine aussi; elle était si bonne! elle voulait qu'ils pussent sécher leurs vêtements trempés, et réchauffer leurs membres que le froid aurait transis. Tout en allant et venant pour les soins du ménage, elle murmurait :

— Pauvre bonhomme, comme il doit être tourmenté pour son fils! en mer par ce temps! O mon Dieu! je te bénis encore dans ma misère; je ne crains point que Guénolé fasse naufrage. Pour l'amour de ce cher M. Mahé, je voudrais savoir son fils à terre; mais je ne veux pas le voir... Oh! je ne veux pas le voir!

Au contraire, c'était à qui le verrait du haut du rocher de Bon-Secours, où le bonhomme venait d'établir un véritable observatoire. J'ai déjà parlé plusieurs fois de la chapelle de Bon-Secours : c'était un monument bien simple, haut de quinze pieds tout au plus, assez grossièrement bâti par quelques naufragés reconnaissants, il y avait trois cents ans, et consacré à Notre-Dame, la protectrice des matelots. Trois marches formant un petit perron conduisaient à une porte assez basse, la seule qui donnât entrée dans la chapelle, et qui était surmontée d'une unique croisée droite et à petits vitraux; au-dessus de cette fenêtre était une croix. Tel était ce pieux édifice, sans faste et pauvre, mais que les petits chasse-marées qui entraient dans la rivière de Vannes saluaient toujours d'un signe de croix ou d'une prière, les bâtiments plus forts d'un coup de canon. La rustique chapelle de Notre-Dame de Bon-Secours était révérée comme Saint-Pierre de Rome ou la cathédrale de Paris, car tous les habitants du pays ou leurs ancêtres y avaient un vœu suspendu devant l'autel, et bien d'autres allaient venir s'y joindre après cette tempête pendant laquelle tant d'âmes avaient recours à Dieu et à Marie. En ce moment la porte était fermée, on le pense, et c'est à cette porte que M. Mahé s'appuyait avec ses deux enfants; il avait braqué sa lunette d'approche sur un montant de pierre qui se trouvait là à hauteur d'appui, et il pouvait observer à son aise. Corentin et Alix se disputaient conti-

nuellement une place à la lunette d'approche, que
leur grand-père ne leur cédait de temps à autre
qu'avec peine; le spectacle qu'elle lui permettait de
voir était si intéressant pour lui, vieux loup de
mer, dont le cœur battait plus fort que celui des
autres hommes à l'aspect des périls qu'il avait tant
de fois bravés! Quoique le vent fût apaisé, il était
encore à cet état de *joli frais* qui est capable de
renverser un homme qui ne serait pas sur ses
gardes.

On peut donc, avec raison, penser que la mer
était loin encore d'être en repos, et c'était avec un
intérêt plein d'angoisse que le bon vieux pilote
suivait tous les mouvements de la petite yole de Le
Hézo, qui avançait péniblement vers Belle-Isle : le
flot se jouait de la chétive chaloupe, comme l'air
agité se joue d'une plume. La lunette d'approche
vacillait au tremblement de la main de M. Mahé
quand l'esquif bondissait avec les hautes vagues,
puis s'engloutissait entre deux flots. Comment ces
dangers, qu'il avait si longtemps connus et éprou-
vés, pouvaient-ils l'émouvoir à ce point! C'est que
d'autres que lui y étaient exposés. La yole n'était
pourtant point encore arrivée au passage le plus
dangereux, entre les petites îles de Houat et de
Hédic; le bonhomme Mahé détacha donc un instant
son œil de la longue-vue.

— Mes enfants, mes enfants, prenez garde

d'avoir froid, tenez-vous bien l'un près de l'autre, pour que le vent ne vous gèle et ne vous emporte pas.

— Le Hézo est-il bien loin, grand-père? dit Corentin.

— Pas encore à la hauteur de Houat; quand il sera là, il aura besoin de prières, car le passage est dangereux.

— Je prierai de si bon cœur, grand-père, qu'il sera sauvé, répondit Alix, dont les longs cheveux flottaient épars, car le vent venait de fraîchir encore.

Alors le vieillard retourna à sa longue-vue. La *brise*, qui jouait plus rudement en ce moment avec la chevelure d'Alix, enflait plus vigoureusement encore les vagues.

— Voyons, grand-père, laissez voir, disaient Alix et Corentin en tendant la main pour approcher de la lunette. Mais Mahé ne les écoutait pas, tant il était attentif à ce qu'il regardait; il était ému, on le voyait bien aux rides qui s'ajoutaient sur son front à celles de l'âge, et il était facile de distinguer aux frémissements de ses lèvres les battements de son cœur.

Tout à coup, sans détourner un instant la vue :

— Alix! Corentin! à genoux! la prière!

Ils la dirent alors avec la piété que leur avait inspirée Gotte quand, chaque soir avant de s'endormir, elle leur montrait à prier Dieu. Ils joignaient

leurs mains si étroitement, leur attitude fut telle,
que cette prière devait être puissante. Comment
leurs douces voix ne seraient-elles pas arrivées
jusqu'au ciel? Mahé eut encore quelques moments
d'anxiété, puis il cessa de regarder avec une attention aussi inquiète : la yole avait franchi les écueils
de Houat.

La plus longue moitié du chemin était faite; mais
il avait fallu près de trois heures pour arriver à ce
point, et Gotte commençait à se tourmenter en ne
voyant pas son vieux maître revenir avec ses enfants; elle eut vingt fois la pensée de courir au
rocher de Bon-Secours, mais elle fut toujours arrêtée par l'idée de revoir le capitaine débarquer
seul. Il faudrait bien qu'elle se résignât à se trouver avec lui dans quelques heures, sans doute, mais
elle voulait que ce fût le plus tard possible, ce qui
n'empêchait point qu'elle n'eût ajouté au souper
qu'elle lui préparait une large soupe aux choux et
au lard; ensuite elle mit chauffer à côté de la broche les pantoufles fourrées de M. Mahé et des
chaussons de laine pour les enfants, tout en se par-
lant à demi-voix.

— Enfin, s'écria M. Mahé, voici l'esquif arrivé
dans la grande rade!

— Voyons, voyons, grand-père.

— Prends garde, Corentin, monte là... appuie-
toi bien sur moi... Y vois-tu?

— Oui.

— A ton tour, Alix, regarde.

— Ah! oui, et le voilà qui revient!

— A moi, mes enfants, à présent. C'est vrai. Voici la yole de Le Hézo, et en arrière une autre chaloupe avec quelques hommes dedans... ils arrivent bon train : les voici bien près de Houat. Mais quelle est cette autre chaloupe!... Ah! mon Dieu!... et le bras de M. Mahé qui tenait la lunette tomba tout à coup.

— Qu'y a-t-il donc? faut-il dire un *Pater* et un *Ave?*

— Oui, mes amis, en actions de grâces cette fois... Oh! c'est bien lui, c'est votre père!

— Mon père! mon père! oh! que je regarde... Oui, la chaloupe arrive, il y a deux hommes avec lui.

— Je ne les connais pas : deux matelots, sans doute.

Alors Hermine se mit à gambader, à frétiller, à battre ses flancs avec le long fouet de sa queue.

— Que veux-tu donc, ma belle? lui dit M. Mahé en riant; voudrais-tu donc regarder aussi?

Elle n'avait pas besoin de la lunette d'approche pour reconnaître le fils de son maître, le père des enfants avec lesquels elle jouait. Elle tendit encore une fois son long museau dans le vent qui venait de la mer, puis elle prit sa course et descendit le rocher comme si elle pourchassait un lièvre.

Cependant Gotte commençait à n'y plus pouvoir tenir. Une fois ses arrangements terminés, elle se mit à son rouet; mais ses doigts tremblottants étaient incapables de filer alors. Elle quitta donc sa quenouille, et prépara sur la table un couvert pour M. Mahé, un pour elle, deux pour les enfants, quatre en tout, comme à l'ordinaire; elle en devait mettre un de plus pour le capitaine, mais dans son trouble et ses préoccupations de mère elle en ajouta deux; puis elle tira de l'armoire, comme pour les jours de fête, les salières d'argent et les assiettes de dessert peintes en couleurs éclatantes. Excellente femme que cette Gotte! son chagrin ne l'empêchait point de songer à la joie de son maître bien-aimé et d'y prendre part; elle sentait quelle fête ce jour amenait pour lui : un fils depuis longtemps absent! elle eût été si heureuse alors, qu'elle comprenait dans sa douleur combien Mahé allait être heureux; elle se mettait à sa place dans son cœur, et elle célébrait ce retour comme s'il lui eût fait du bien, parce qu'il en faisait à son maître.

C'est sans doute distraite par ces réflexions et ces sentiments qu'elle avait mis un couvert de trop; elle s'en aperçut enfin, et alla le retirer en soupirant; elle tenait encore en l'air cette assiette qu'une erreur touchante lui avait fait apporter machinale-

ment, quand elle faillit la laisser tomber. Un coup
violent à la porte l'avait saisie : c'était Hermine
qui, n'ayant pas ralenti sa course depuis le rocher
de Bon-Secours, arrivait avec toute la force de son
premier élan et tombait les deux pattes en avant
sur la porte de la salle. Gotte n'aurait pas deviné
qui frappait si fort si deux ou trois aboiements ou
gémissements d'impatience ne lui eussent annoncé
la grande levrette.

— Qu'as-tu donc, ma mie? lui dit Gotte en lui
ouvrant : c'est ton maître? ton jeune maître? tu ac-
cours en avant, heim?

A toutes ces conversations, Hermine répondait
par de petits murmures joyeux, des aboiements
étouffés, et surtout le langage muet de la queue.
A coup sûr elle annonçait plus d'un visiteur : elle
flairait le bas de la robe de Gotte, puis, élevant vers
elle sa longue tête, découvrait ses dents blanches
comme pour lui dire : Ne pleure pas, ris donc; et
elle faisait réellement entendre ces paroles avec les
regards expressifs de ses yeux noirs; toute cette
pantomime s'exécuta en un instant, puis elle retourna comme un trait au-devant de la compagnie
qu'elle venait d'annoncer. Gotte, voyant que
M. Mahé était sur le point de rentrer, alla chercher
une bonne bourrée et la jeta au feu. L'arrivée
d'Hermine l'avait tirée d'une mortelle inquiétude,
car la nuit venait déjà : et, quand la chienne entra,

Gotte était sur le point d'aller à la rencontre de son vieux maître et de ses enfants, quitte à voir débarquer M. Yves; mais quand elle fut rassurée, sa répugnance lui revint, et elle se promit de se sauver après avoir ouvert la porte à M. Mahé.

Elle avait à peine allumé les chandelles les plus blanches, dans les plus beaux chandeliers de la maison, quand on frappa à la porte.

Gotte ouvrit en tendant le plus possible le bras, afin d'être plus près de la porte de sa chambre pour disparaître.

— Eh bien! où allez-vous donc? où vous sauvez-vous donc ainsi? voyons, retournez-vous; reconnaissez-vous ce grand gaillard-là?

Et le bonhomme Mahé montrait du doigt un jeune homme qui le suivait; mais c'était bien vainement, car Gotte s'en allait toujours et aurait quitté la salle si les enfants ne s'étaient glissés devant elle.

— Regarde donc, regarde, maman Gotte, puisque grand-père te le dit.

Force lui fut bien de s'arrêter d'abord, et ensuite de se retourner, en laissant, malgré elle, échapper un bien gros soupir.

— Eh bien! le reconnaissez-vous, Gotte?

Elle regarda alors avec attention et étonnement ce jeune homme qui lui apparaissait au lieu du capitaine Yves Mahé; elle l'examina pendant quelques minutes et s'écria enfin :

— O monsieur Mahé! c'est bien mal à vous de me faire venir pour voir ce mauvais sujet qui a perdu mon fils, qui l'a entraîné, ce méchant Alain! vous n'avez donc pas peur de me causer de la peine?

Elle se retourna alors brusquement pour cacher ses larmes et le ressentiment que lui inspirait ce jeune homme qui lui avait pris son enfant, et elle s'éloignait encore quand Mahé la retint par le bourrelet sur lequel s'arrondissait son jupon.

— Patience donc! et celui-là, le reconnaissez-vous?

— Eh! monsieur Mahé, répondit-elle sans retourner la tête, ce ne peut être que votre fils... vous êtes bien heureux, allez! et je sens bien votre bonheur : c'est pourquoi vous devriez compatir à ma peine.

— Ne boudez donc pas ainsi, mère Gotte; ce n'est pas mon fils que je vous montre, c'est un autre.

Elle se trouvait alors en face du grand miroir de la cheminée, et tout à coup elle s'arrêta court comme devant une apparition; elle pâlit, elle rougit, elle voulut pousser un cri, elle ne le put; elle avait vu dans ce miroir... Guénolé, et voilà qu'elle était entre ses bras, il était entre les siens. Il était fort, par bonheur, et il put la soutenir, car elle s'évanouit de joie sans avoir pu dire un seul mot.

Cet état dura assez longtemps pour donner de l'inquiétude, et les rires et les embrassements de Corentin, d'Alix, du capitaine et de Mahé, cessèrent pour donner à la pauvre Gotte tous les soins nécessaires afin de la faire revenir de ce saisissement. Si elle était morte en ce moment de bonheur, quel coup affreux! Mais non, elle reprenait ses sens par degrés, et plus elle revenait à elle, plus elle relevait ses bras, les étendait et les pressait autour du cou de Guénolé, qui était à genoux devant elle.

— Pardon, mère! pardon! lui disait-il.

— Oh! que Dieu te bénisse comme je te bénis, mon enfant! tels furent les premiers mots qu'elle put dire en l'embrassant. — D'où viens-tu? comment te revois-je? tu as été bien malheureux, mon pauvre petit!

Le petit se leva : il avait cinq pieds quatre pouces.

— Viens donc t'asseoir près de moi, que je te regarde; comme tu ressembles à ton pauvre père! Je me disais bien : Il sera tout comme ça quand il aura dix-huit ans; je ne m'étais pas trompée, tu es bien de même, va! mais dis-moi donc, et M. Yves t'a ramené...

— Je vous conterai tout plus tard, ma mère...

— Il t'a donc pardonné?... Oh! ce maudit îlot de la Désolation!...

Guénolé avait bien de la joie dans tous les traits;

mais son étonnement fut plus fort que sa joie encore quand il entendit sa mère nommer l'îlot de la Désolation.

— Tu es étonné, mais je sais tout...

Alors elle lui montra son journal, et de tous ses ravissements, le plus vif peut-être fut de retrouver dans la main de sa mère le confident de ses douleurs, de ses regrets, de ses craintes et de ses espérances. Il le pressait sur ses lèvres, sur son cœur, comme un ami d'exil retrouvé.

Le bonhomme Mahé avait jusqu'alors respecté ces effusions de tendresse qui isolaient Gotte et Guénolé de tout ce qui les entourait, et faisaient qu'ils ne voyaient plus qu'eux au monde. Cependant il finit par prendre la parole.

— Eh bien! mère Gotte, et le souper, et votre enfant d'autrefois, Yves, vous oubliez tout?

— Dam! répondit-elle, mon Guénolé est là; mais vous avez raison. Capitaine Yves, vous m'avez ramené mon enfant, je vous aime : laissez-moi vous embrasser.

Il sauta alors à son cou en lui disant : — Avez-vous donc pensé, mère Gotte, que j'eusse jamais résolu de tenir Guénolé loin de vous et de l'abandonner? Oh! vous ne le croyez pas, n'est-il pas vrai?

— Je ne le crois plus, répondit-elle en serrant la main du capitaine.

Toute réconciliation bien et dûment scellée, le père Mahé donna de quoi changer aux voyageurs inondés d'eau de mer; il fit jeter double bourrée au feu pour les sécher et les bien réchauffer, et pendant ce temps Gotte apportait le repas.

— A table, à présent, reprit Gotte; et elle remit le couvert qu'elle avait si tristement retiré; elle ajouta un couvert encore pour Alain, et le souper fut joyeux, on le pense, et les santés cordiales.

Quand on fut au dessert, Gotte revint encore à ses questions.

— Mon Guénolé... Capitaine, vous lui avez pardonné? comment es-tu revenu? conte-moi cela.

— Plus tard, plus tard, un autre soir; il faut aller au lit, on est fatigué après une pareille route.

Elle comprit bien vite que son enfant avait besoin de repos, et remit sa curiosité à un autre jour. Elle bassina les lits, et il y eut de beaux rêves cette nuit-là dans la maison du vieux Mahé.

XXIV. — LES VŒUX A LA VIERGE.

La bienheureuse Gotte avait eu seule de la peine à s'endormir, car se laisser aller au sommeil c'est se séparer de la vie pour quelques heures, et elle ne voulait plus la quitter un instant depuis que son

cher Guénolé était couché dans la chambre voisine.
Elle l'entendait respirer en dormant, c'est tout ce
qu'elle voulait; et alors, dans cette insomnie
qu'elle trouvait douce, elle réveillait mille petits
souvenirs de l'enfance de Guénolé, souvenirs qu'elle
fuyait autrefois quand il était absent, car ils la
faisaient pleurer, mais qu'elle cherchait à présent
avec amour, depuis qu'il était là près d'elle. Ses
chansons à bercer lui revenaient à la mémoire
comme si elle avait cessé de les chanter la veille;
peu s'en fallait qu'elle ne les murmurât encore, et
c'est ainsi qu'elle se berça elle-même et s'assoupit.

Il faisait petit jour quand elle se réveilla; elle
avait rêvé de Guénolé : elle y avait tant pensé avant
de clore les yeux! Elle se leva pour aller écouter à
la porte de Guénolé, comme elle allait, dix-sept
ans auparavant, prêter l'oreille près de son berceau. Elle n'entendit rien et en fut épouvantée :
elle écouta plus attentivement encore, et un long
soupir, comme celui de quelqu'un qui sort d'un
long somme, en étendant les bras, vint la rassurer;
aussitôt habillée elle se précipita dans la chambre.

— As-tu bien dormi, mon enfant?... Te voilà
enfin près de ta mère, au pays : tu ne les quitteras
plus, n'est-ce pas?... Que je t'embrasse encore...
Voyons, raconte-moi comment...

— Gotte! Gotte! Ce double appel, sorti de la
bouche du bonhomme Mahé, arracha des bras de

son fils l'heureuse mère, qui s'en allait en murmurant : — Etre obligée de quitter son enfant quand il est à peine de retour!

Le père Mahé avait appelé Gotte d'aussi bonne heure pour préparer à déjeuner au capitaine son fils, qui devait retourner sur-le-champ à Belle-Isle, où il avait laissé son bâtiment en rade : de là il devait le conduire à Nantes, puis revenir à Saint-Gildas. Elle s'empressa d'obéir, et d'autant plus vite que le capitaine lui avait proposé d'emmener son fils pour ce petit bout de voyage. Oh! non, elle le tenait, elle ne voulait plus s'en séparer, et pendant que M. Yves déjeunait, elle se mourait de terreur, à la pensée que Guénolé pourrait lui être pris encore; aussi fut-elle bien heureuse quand elle eut vu le capitaine monter dans la chaloupe et s'éloigner à force de rames; ce n'est qu'alors qu'elle respira.

Ensuite elle se mit au déjeuner de toute la famille, déjeuner ample, solide, déjeuner breton; elle alla chercher Guénolé, et le trouva occupé à déballer la peau d'ours et les vêtements de veau marin qui l'avaient un peu garanti du froid sur l'îlot de la Désolation.

Il y avait au fond de sa malle bien d'autres petits objets encore, soigneusement enveloppés; mais il remit à ouvrir ces paquets après le déjeuner, en présence de sa mère.

Elle avait espéré, dans sa curiosité bien naturelle, qu'elle apprendrait pendant le repas les détails qu'elle désirait tant sur la manière dont son fils avait été tiré de son exil de glace : elle y ramena donc la conversation encore ; mais c'était Pâques dans huit jours, le capitaine Yves Mahé devait venir avec Alain dîner à Saint-Gildas, et le bonhomme Mahé voulut réserver cette narration pour le dessert : la pauvre vieille fut donc obligée de se résigner. Au fond, qu'importait l'événement qui lui avait ramené son enfant? elle l'avait, et c'était tout pour elle.

Comme il le lui avait promis, il développa devant elle les paquets précieusement placés au fond de sa malle. Ils étaient précieux en effet : l'un contenait l'écritoire d'où il tirait l'encre qui avait servi à écrire son journal, et deux plumes usées jusqu'au bout ; dans un autre était le vase de terre qui avait été sa lampe et son jour pendant des nuits bien longues, et à côté son briquet ; mais plus de pierre, plus d'amadou, plus un moyen de se procurer du feu au milieu des glaces !

— Il faut garder tout cela, Guénolé, entends-tu, pour te ressouvenir de ces malheurs causés par tous ces voyages que tu faisais malgré moi... Tu en as été bien puni, pauvre enfant! mais conserve toutes ces choses pour qu'elles t'empêchent de partir, s'il te prenait quelque jour l'envie de quitter encore ta mère.

— Oh! mère Gotte! je n'oublierai jamais toutes mes fautes : j'en ai le souvenir au fond du cœur. Mais ces objets, je ne les garderai pas... j'ai fait un vœu en voyant paraître le navire : c'est de suspendre tous ces souvenirs de mon juste châtiment devant l'autel de Notre-Dame de Bon-Secours.

— Tu as fait ce vœu-là? il faut l'accomplir : on ne doit jamais manquer de parole ni avec la terre ni avec le ciel; et moi de même, j'ai fait un vœu en te voyant revenir : le voile qui te couvrait quand on t'a porté au baptême, j'ai promis d'en faire un devant d'autel à Notre-Dame aussi. Nous irons ensemble.

— Oui, mère; et je suspendrai tout cela dans ce petit vaisseau que j'ai fait pendant la traversée.

Il développait, en disant ces mots, un petit navire fait avec une délicatesse extrême : les voiles, les cordages, tout était parfait; on voyait de petits mousses qui montaient dans les échelles de corde, et un matelot à genoux sur le pont représentait Guénolé. La coque du bâtiment était peinte des couleurs les plus vives, rouge et vert; de petits canons figurés avec un peu d'or sortaient de chaque sabord noir, et la figure qui se tenait debout à la poupe était peinte en argent, et c'était la bonne Vierge de Bon-Secours. Guénolé avait employé

tous les loisirs du bord à faire ce petit chef-d'œuvre. Gotte en fut si émerveillée qu'elle l'embrassa
encore; puis elle le quitta un instant pour aller
chercher son vœu, et le porta en courant. C'était
une longue pièce de mousseline des Indes que le
père Mahé lui avait donnée au retour d'un de ses
voyages de long cours; alors elle la déplia avec une
sorte de respect et de piété, car elle ne considérait
plus ce voile comme lui appartenant; il était à ses
yeux un objet sacré depuis qu'elle l'avait voué à la
très-sainte Vierge.

— Vois-tu, Guénolé, comme cela fera un beau
devant d'autel! Eh bien! demain, j'irai prier M. le
recteur de nous conduire à la chapelle pour y déposer nos vœux. Et... dis-moi... quel est donc ce
petit paquet qui reste au fond de ta malle?...

— Oh! mère, je sais;... vous connaissez ce qu'il
y a là-dedans... j'en ai parlé dans mon journal. Et
il lui présentait, en disant ces mots, un morceau de
gâteau dur comme une pierre, mais net et blanc
comme s'il était frais.

— Pauvre enfant! que je t'aime!... C'est ma
part du gâteau des Rois de l'îlot de la Désolation?

— Oui, oui, mère... c'est cela qui me rassurait,
qui me consolait, et qui me faisait penser à vous
avec moins d'inquiétude; et quand je le portais à
mes lèvres, vrai! je croyais vous embrasser.

— Tu ne l'as jamais vu se moisir... c'est que je

n'ai jamais été malade, grâce à Dieu! mais j'ai ta
part aussi. Et elle alla sur-le-champ la chercher.
Tu as été malade, le gâteau ne m'en a rien dit
pourtant; mais c'est que la Providence ne l'a pas
voulu : elle me savait si malheureuse qu'elle craignait de m'inquiéter encore.

Il s'entama donc une grande consultation entre
la mère et le fils sur ces deux parts de gâteau : qu'en
faire? Gotte et Guénolé avaient pensé d'abord à
manger chacun celle qui lui était destinée, mais ils
s'arrêtèrent à l'idée de les mettre ensemble dans le
petit vaisseau consacré à la Vierge : idée pieuse et
touchante, qui voulait que leurs deux existences,
dont ces portions de gâteau étaient le mystérieux
symbole, fussent toujours réunies devant un autel.
C'est Gotte qui avait eu cette pensée de mère reli-
gieuse et tendre : elle en était fière; elle ne pensait
plus qu'à la cérémonie projetée.

Le père Mahé s'aperçut bien que Gotte n'était
plus seule et privée de son enfant; le service de la
maison était bien négligé; le cœur emportait la
tête, et la vieille ne songeait plus guère au ménage.
Le bonhomme trouvant bien naturel ce qui se passait, prenait part avant tout à la joie de sa bonne
Gotte, qui avait été si longtemps triste, et Alix et
Corentin, heureux aussi du bonheur de leur bonne,
lui disaient en l'embrassant : Mère Gotte, nous
sommes bien contents de ce que Guénolé est re-

venu : nous t'aimons bien ; mais toi, tu nous aimeras toujours aussi, n'est-ce pas ? nous sommes toujours tes enfants ! Gotte était si aimante, et avait tant de tendresse dans le cœur, que chacun pouvait encore en avoir une bonne part, et ses petits enfants ne s'aperçurent pas que le grand partageait avec eux.

Gotte alla, comme elle l'avait dit, trouver le recteur, et sa demande fut sur-le-champ accueillie pour le lendemain même, car elle n'était pas la première : quelques femmes de pêcheurs avaient aussi fait des vœux pour leurs maris en mer pendant la tempête ; plusieurs matelots, qui avaient failli faire naufrage, avaient également des offrandes à déposer sur l'autel de Notre-Dame de Bon-Secours.

Le lendemain, Gotte se réveilla donc avec le soleil, qui se levait beau et pur sur la mer aussi bleue que les airs ; on voyait bien qu'il se préparait sur terre une cérémonie sainte et bienvenue au ciel. La cloche sonna donc bientôt dans la légère flèche qui surmontait l'église de Saint-Gildas, et Gotte se hâta de donner à Guénolé d'abord, puis à Alix et Corentin, leurs parures des dimanches, car M. Mahé avait voulu que Guénolé fût habillé de neuf.

Alors Gotte prit son vœu, Guénolé le sien, le père Mahé et les enfants chacun un cierge neuf, et ils se rendirent tous à l'église, où la messe commença dès qu'ils arrivèrent, et bientôt la procession se mit en marche : le recteur et son vicaire, précédés du sacristain, marchaient en avant; puis venaient M. Mahé et ses enfants, tenant leurs cierges allumés; derrière eux, quatre matelots échappés aux périls de la mer durant un long voyage, portaient leurs offrandes. Ensuite arrivaient les femmes de deux pêcheurs miraculeusement échappés à la dernière tempête et retournés à la mer : l'une avait fait, pour l'autel de Notre-Dame de Bon-Secours, deux vases en coquillages de toutes les couleurs; l'autre, en coquillages aussi, une couronne pour la statue de la Vierge qui était debout sur l'autel, et les bras étendus comme pour bénir. Derrière ces femmes, et à part, venait Gotte, portant pieusement son offrande.

Cette procession allait à pas lents, et chaque maison devant laquelle elle passait se vidait, car toute la famille se mettait à la suite, et se joignait au chant des psaumes d'actions de grâces. Arrivée au bout du village, elle s'arrêta un instant devant un calvaire orné de fleurs et de branches de romarin bénit qu'on y avait apporté au dernier dimanche des Rameaux, puis elle se remit en marche pour monter à la chapelle de Bon-Secours. Plus Guénolé et Gotte en approchaient, plus ils étaient émus : c'était un acte solennel qu'ils allaient accomplir, expiation pour le passé, actions de grâces pour le présent, et pour l'avenir le pacte indissoluble qui les unissait à jamais.

Quand Alix et Corentin furent arrivés avec leur père sur la dernière marche, ils n'osèrent lui parler; mais ils le regardèrent en lui faisant un signe : ils lui rappelaient que quelques jours auparavant ils étaient là, appuyés contre cette porte et ce mur, par un bien autre temps qu'à cette heure; le soleil était de la plus douce chaleur, et les petits arbustes épars autour de la chapelle avaient des bourgeons d'un vert doré par le rayon qui les réchauffait. Les navires que de ce point élevé on apercevait en mer se réunissaient sans doute aux prières de cette procession en la voyant entrer dans la chapelle.

Elle y fut bientôt toute entière, et le recteur, à genoux comme tous les fidèles, adressa des actions de grâces au ciel; ensuite il prit des mains des matelots des souvenirs de leurs souffrances lointaines qu'ils venaient déposer dans le sein de la religion, de même qu'on doit offrir en sacrifice à Dieu toutes les tribulations et toutes les misères de ce monde. Après eux, ce fut le tour de Guénolé, qui demanda encore une fois pardon de ses fautes envers sa mère et le capitaine; puis il voulut suspendre de ses mains à la voûte, et à côté de la lampe toujours allumée, ce bâtiment qui renfermait les tristes mo-

numents de son exil; mais il contenait aussi les
parts du gâteau des Rois.

Les deux femmes qui avaient été sur le point
d'être veuves pendant la tempête déposèrent sur
l'autel l'une ses vases, l'autre sa couronne de
coquillages; après elles, ce fut au tour de Gotte.

Le petit cortége revenu dans l'église, on célébra
la messe d'actions de grâces, et toute la famille de
Mahé rentra ensuite au logis. Il y eut congé ce
jour-là pour Alix et Corentin, et comme le temps
était magnifique, on fit la partie d'aller à Sucinio.
Oh! Guénolé fut bien ravi de retrouver ces lieux
du pays qu'il avait désespéré de revoir jamais,
hélas!

— Et ton journal, Guénolé, qu'en ferons-nous?
Si nous l'avions déposé dans le bâtiment devant
l'autel aussi?...

— Oh! non, mère... je le garde : toutes les fois
que je me sentirai disposé à être impatient, insou-
mis, peu résigné aux malheurs qui peuvent m'atteindre...

— Quels malheurs?... Il n'y en a plus à présent,
interrompit Gotte.

— Non, en ce moment : mais qui en est à l'abri?
Eh bien! si je me sentais ainsi porté à la mauvaise
humeur, à la colère, je veux pouvoir lire toujours
ces annales de mes souffrances passées, pour me
trouver en tout temps heureux.

— Et puis tu as un chapitre à y ajouter, dit le bonhomme Mahé.

— Ah! oui, oui... s'écrièrent les enfants : n'est-ce pas, Guénolé?

— Ce sera le dessert du dîner de Pâques... Patience! reprit le grand-père, patience!

XIV. — UNE VOILE.

Voyez-vous d'ici la petite église de Saint-Gildas de Rhuis? elle est ce matin dans ses grands atours : il y a des fleurs neuves dans les vases de l'autel, qui est couvert d'une belle nappe brodée de dentelle fine, et brodée par la femme du maire; les rideaux rouges des croisées sont neufs aussi, car la lumière du soleil qui les traverse répand sur les dalles une lumière d'un incarnat plus pur qu'à l'ordinaire; les enfants de chœur sont habillés à neuf aussi, et leurs tuniques de pourpre jettent un beau reflet rose sur le bénitier ou l'encensoir d'argent qu'ils tiennent. Qu'elles sont éblouissantes d'or les chappes des chantres, qui se sont levés pêcheurs et pêcheurs se coucheront! Voyez quel éclat a la chasuble de M. le recteur! c'est Pâques, c'est le jour de la résurrection, le jour de la renaissance! La messe va commencer.

L'église est déjà pleine de pêcheurs agenouillés,

assis sur leurs talons, dévidant leur rosaire, et de
femmes dans la toilette des grandes fêtes, et, l'heureuse mère, la voici qui arrive à côté de Guénolé,
suivie des deux enfants et précédée du bonhomme
Mahé, ayant à sa boutonnière l'ancre d'argent de
pilote lamaneur honoraire. En cette qualité, il a
son banc près du chœur et vient de s'y placer ; il
est assez grand encore pour recevoir le capitaine
Yves Mahé et Alain, arrivés il y a une heure :
ainsi toute la famille est rassemblée. La messe commence.

Après la messe, Gotte se sépara de la compagnie,
y compris Guénolé, pour courir à sa cuisine, où le
dîner attendait sa main ; et bientôt broche, gril,
casseroles, tout tourna, tout fut en mouvement :
c'était grand gala ! Outre toute la famille que nous
venons de voir à l'église, et qui est à présent à la
promenade, M. Mahé avait invité M. le curé et sa
sœur, et le pilote lamaneur Le Hézo. Aussi avait-
on pris pour aider Gotte une robuste fille, une
paludière, qui se reposait de son travail quotidien
de recueillir le sel par les soins de la vaisselle et de
la cuisine.

Elles s'acquittèrent de tout cœur de leur tâche,
et ce qui donnait le plus de courage à Gotte, c'était
le désir de faire un bon repas à son pauvre Guénolé, qui en avait été privé si longtemps ; elle avait,
on le pense bien, été consultée par son vieux

maître sur le *menu* du dîner : elle eut soin alors de lui conseiller tout ce qu'elle savait être du goût de son fils, et que M. Mahé l'aimât ou ne l'aimât point, elle lui persuada facilement que c'était ce qu'il y avait de mieux.

Le dîner fut copieux et long en conséquence. Il était curieux de voir Gotte à chaque plat regarder Guénolé d'un œil qui lui disait : Il est bon, n'est-ce pas? ce n'était point amour-propre de cuisinière ici, mais sentiment maternel encore, qui jouissait du bonheur de voir son fils manger quelque chose de meilleur que des pommes de terre ou des biscuits moisis; elle savourait doublement les mets; elle les trouvait deux fois bons pour elle et pour lui. Ce repas, quoique cordial, avait une teinte grave et solennelle.

Quand le dessert fut enfin arrivé, Gotte rappela à son fils ce qu'il devait lui raconter. Il s'y était préparé, et après avoir dit en deux mots ce que renfermait son journal, pour mettre au fait ceux qui ne connaissaient pas ses aventures, il garda un moment le silence pour se bien rappeler toutes les circonstances de ce qu'il allait raconter.

— Il va nous dire de belles choses; quel bonheur! disait Corentin.

— Quel bonheur! répétait Alix.

— Quel bonheur! quel bonheur! c'était le mot de tous. Les yeux animés, les bouches souriantes des enfants, de la mère, du bonhomme Mahé, les mouvements vifs et la queue frétillante de la belle Hermine, oui, tout disait : Quel bonheur! On jeta dans l'âtre une bonne bourrée de plus, et la flamme réjouissante promenant d'ondoyants reflets sur toutes les figures, elles semblaient plus animées et plus curieuses de ce qui allait être dit. Gotte ne pouvait détourner ses yeux de Guénolé; le capitaine Yves Mahé n'avait pas assez de regards pour ses enfants.

Pendant tous ces préliminaires, Guénolé s'était recueilli, et ses traits avaient graduellement pris une toute autre expression : de riants qu'ils étaient, on les avait vus devenir graves et sérieux. C'est que chaque souvenir le ramenait plus réellement dans la triste position à laquelle il avait échappé. Cette émotion, que tout le monde put remarquer sur son visage, donna de la gravité et de l'émotion aussi même aux enfants. Auditeurs, narrateur, se tinrent pendant quelques minutes dans un silence qui préparait à quelque chose d'imposant, et que Guénolé seul interrompit enfin.

« Du courage, ma mère! Dieu garde cette bouteille! A présent, en mer! Que je t'embrasse! je pars pour te lancer aux flots, et je prierai pour toi au retour! » Voici comment j'avais terminé mon journal, n'est-ce pas, ma mère?

— Oui, répondit-elle à voix basse et sans ajouter aucun autre mot, comme si elle craignait de retarder d'un instant sa narration.

« Comme je l'avais écrit, je partis bien triste pour la lancer à la mer. Il ne me restait plus qu'un crépuscule, reflet bien lointain de l'astre auquel je venais de dire adieu, et je descendis tristement de cette éminence du sommet de laquelle j'avais vu partir un ami bien cher, le soleil, pour venir sur la plage voir le dernier de mes compagnons, mon journal, me quitter : j'avais le cœur navré de cette séparation suprême. Il la fallait pourtant accomplir : de la main gauche je me couvris les yeux, de la droite je jetai la bouteille messagère à la lame qui venait battre mon pied.

» Et puis, avec quelle ferveur je tombai à genoux sur la plage en priant Marie, la reine des cieux, l'étoile de la mer, la protectrice des matelots, quand je vis un courant s'emparer de ma bouteille, la rouler dans ses replis et l'emporter de vague en vague ! J'étais bien seul à présent, sans confident, sans frère, sans mère, sans amis, sans souvenirs, sans pensées ; tout s'en allait avec ces flots ! J'allais donc rentrer dans ma maison, désolé, sans société, sans consolation, seul ! Ce n'est que dans ces moments que l'on sent combien la prière est belle et bonne au cœur de l'homme. A genoux, insensible au froid, les mains jointes contre ma poitrine, je demandais à la Patronne des naufragés le courage de résister aux souffrances de corps et d'âme qui m'attendaient : je la suppliais de regarder de là-haut, à travers son céleste voile d'azur, cette pauvre fragile bouteille que je venais de lancer aux flots.

» Sauvez-la de tout écueil où elle irait se briser; sauvez-la des glaçons qui pourraient l'entraîner loin de tous les courants; sauvez-la de la mer glacée qui la retiendrait pour ne plus la rendre jamais; sauvez-la des voraces entrailles du requin, et faites-la arriver, dans votre miséricorde, à ma bonne mère Giotto.

» Soutenu par cette prière, je me levai le cœur moins gros. Je ne pouvais cependant me séparer de cette mer qui emportait mon journal; j'allais, je venais à grands pas sur la côte pour me réchauffer; je montais sur la hauteur, je descendais, n'ayant de pensée et de regards que pour cette bouteille qui renfermait tout ce qui me restait à aimer. Cependant le long crépuscule cessa d'éclairer la mer : je ne vis plus une vague, plus un flot, et comme j'étais un peu éloigné de la maison, je me hâtai d'y retourner pour n'être point saisi par le froid. Si je n'avais eu quelque pressentiment de délivrance, aurais-je eu aussi peur de la mort?

» En revenant je me disais : — Que je vais trouver ma maison plus vide encore! — et j'avais envie de pleurer! Cependant je n'avais pas quitté le bord de la mer, car vous savez que la cabane était située tout à fait sur la côte, et de temps à autre venait à moi, de cette ténébreuse immensité des eaux, un petit murmure humide, un léger *clapotis*, comme disent les matelots, et c'était encore pour moi, dans la préoccupation douloureuse de mon cœur, un écho, un bruit que faisait ma bouteille dans les replis des petites lames qui l'avaient emportée.

» Je rentrai enfin dans la maison, et j'allumai ma lampe. Oh! qu'elle me paraissait grande et désolée à présent! j'avais un peu d'encre; je retrouvai une feuille de papier; mais que pouvaient-ils me dire désormais? pourquoi aurais-je confié à ce papier ce que je vous raconte aujourd'hui comme si j'y étais encore? ma bouteille était partie. Lire! oh! je savais mon *Robinson* par cœur. Ma lampe, qui éclairait faiblement, car ma provision d'huile était presque épuisée, ne faisait que me montrer ces murailles plus nues et plus désolées; et dans un coin quelques biscuits, une douzaine de patates encore, et plus rien après, plus rien que la mort! J'éteignis cette débile lueur qui n'éclairait que des choses tristes, et je me couchai.

» Je fus bien loin de m'endormir sur-le-champ : je ne pouvais m'empêcher de songer à cette bouteille et de la suivre sur les flots de lame en lame, et il m'arrivait alors de tressaillir tout à coup comme si elle heurtait un rocher; enfin nous échappions aux écueils, elle arrivait sur la côte de Breta-

gne, à Arzal, à Saint-Gildas; j'embrassais ma
mère, j'étais pilote lamaneur; je sauvais un homme; et je me réveillai alors en disant : Qui me
sauvera?

» J'avais dormi longtemps et bien longtemps,
car j'étais épuisé de fatigue, et bientôt je vis repa-
raître le crépuscule qui était désormais mon seul
jour. Je me levai alors le cœur plus léger : il semblait que ce rêve m'eût fait du bien comme un heureux présage; je montai bien vite sur l'éminence,
et je regardai tous les points de cet horizon immense où avait disparu ma frêle bouteille; je priai
encore pour elle, et je redescendis. Alors je me
remis avec courage, au moyen d'une hache que
j'avais trouvée dans un coin de l'île où était le magasin du navire, à faire le charpentier et à commencer à travailler les troncs de pins que la Providence m'avait envoyés pour en faire un radeau; je
ramassais avec soin tous les éclats et tous les
copeaux de ce bois résineux, car ils pouvaient en
me chauffant suppléer à ma lampe, tant leur flamme
était claire.

» Et j'en fis l'épreuve quand, le crépuscule passé,
il me fallut rentrer dans la maison; j'en remplis le
poêle, et je pus, à cette clarté, lire un passage de
Robinson.

» Je me mis au lit, occupé de toutes ces vagues
espérances, et m'endormis en me demandant com-

ment un navire qui trouverait ma bouteille messagère pourrait savoir qu'un pauvre homme était
abandonné sur cette terre d'afliction.

» Je me réveillai tout à coup!

» Quel bruit avais-je entendu? une détonation!
était-ce un nouveau déchirement de glaces? l'érup-
tion d'un autre cratère d'eau bouillante? un coup
de canon? je ne pouvais pas y penser, c'eût été fou,
et pourtant je ne rêvais pas; je me levai sur mon
séant pour m'assurer que j'étais bien éveillé; je
touchai ma montre; je regardai au-dehors : il faisait
une nuit brumeuse... Non... je ne rêvais pas! et
pourtant j'entendais toujours un bruit étouffé, lointain, à intervalles égaux. Le canon! Je sautai hors
de mon lit; je m'entourai à la hâte de mes vêtements de veau marin, de ma peau d'ours, pour
courir sur le rivage; mais je n'avais pas remarqué
que le brouillard s'épaississait encore, et quand
j'ouvris la porte, il se dressa devant moi comme une
muraille; on ne voyait plus à un pied de distance;
impossible d'avancer; j'aurais pu aller me jeter
droit à la mer, et, désespéré, je marchais à grands
pas dans ma chambre; j'étais dans une telle agitation que j'avais chaud. Il se rapprochait et s'éloignait tout à tour.

» Enfin le brouillard se dissipa, et la lune brilla
éclatante encore, et au même moment une faible
lueur d'aurore commençait à se montrer à l'horizon,

Les deux clartés de la lune et du demi-jour se confondant, éclairaient assez bien la terre et la mer.

» Je sors à la hâte et je monte sur l'éminence.

» Un coup de canon... deux!... tout au loin. Après avoir bien regardé, il me sembla que je voyais un point blanc qui se détachait sur le bleu foncé du ciel : était-ce une glace? était-ce une voile? Egaré, hors de moi, je descendis de ce rocher pour courir sur un pic plus élevé : je vis distinctement ce point, mais il était immobile. Etait-ce un glaçon? une voile? Une aiguille de glace s'élevait encore à cent pieds au-dessus du sommet où j'étais placé. J'y courus à la hâte, grimpant comme un écureuil, m'aidant des mains autant que des pieds; j'arrivai enfin au fatte : c'était une voile!

» Un coup de canon... mais il semblait s'éloigner. J'écoutai longtemps : je n'entendis plus rien. Je regardai encore : je ne distinguai plus la voile... Un coup de canon plus lointain encore, comme un dernier adieu qui se perd dans la distance. »

— Il est bien vrai, dit le capitaine, que nous louvoyions avec précaution dans cette mer, où déjà couraient des glaçons épars et de petits champs de glace. Au milieu de ces glaces et de ce brouillard, comment retrouver l'îlot? Fallait-il y abandonner Guénolé pour toujours? Dans quelle inquiétude j'étais aussi! Je n'aurais plus eu le courage de revenir devant vous, mère Gotte.

— J'étais accablé cette fois, reprit Guénolé. Avoir cru qu'on était sauvé, être tombé à genoux, avoir béni Dieu, et... Un coup plus proche! je repris courage : je me mis à crier, à agiter les bras, mon mouchoir...

— Bah! qu'est-ce que c'était que la voix, et les bras, et un mouchoir, à une lieue de distance, et par un assez faible crépuscule!

— C'est ce que je me dis, capitaine... Mon chantier n'est pas éloigné : je descendis à la hâte pour prendre une charge de ces copeaux de pin si inflammables, et je la portai sur le rocher. — Un coup de canon encore! — C'est moi que l'on cherchait : j'en avais la certitude... Je courus encore une fois sur le rivage pour aller prendre dans la maison mon briquet, mon amadou, le papier qui me restait. En remontant, quel effroi encore, j'entendis le canon qui s'éloignait. On ne me voyait pas : c'était tout simple... Enfin j'arrivai au sommet : je frappai ma pierre à feu une fois... deux... trois, inutilement...

Quelle souffrance! Enfin une étincelle, une seule! enflamma l'amadou... Mais si ce feu s'éteignait, plus d'espoir! Dans ma précipitation, j'avais été maladroit : ma pierre était brisée. — O ciel! m'écriai-je; et le ciel me protégea. Bientôt une petite branche de pin fut allumée, et le vent animant le bûcher de son souffle puissant, la flamme pétilla, s'éleva, et moi, à genoux, les mains jointes à côté

de ce bûcher, je dis : — O Notre-Dame de Bon-
Secours! si ce navire me rend à ma mère et à mon
pays, je suspendrai devant votre autel un petit vaisseau et tout ce que j'aurai aimé dans mon exil! »

— Elle t'exauça; car ton bûcher flamboyait, et
l'on aurait vu de deux lieues sa colonne de fumée
et de flamme. — C'est lui! c'est lui! s'écria tout
l'équipage. — Oui, c'est lui, répondis-je, et je fis
mettre la chaloupe en mer. Je t'avais laissé le dernier, je voulais le premier te revoir.

— Certainement, capitaine, je reconnus bien
votre voix et les holà! de l'équipage : j'y répondais
de tous mes poumons. Figurez-vous, mère Gotte,
cette chaloupe qui venait à force de rames... Elle
approchait. Qui la montait? qui était debout à
l'avant?... le capitaine! Qu'y avait-il à lui dire,
mère Gotte?

— Rien : tomber à ses genoux et l'embrasser, et
lui demander pardon.

— C'est ce que j'ai fait dès que la barque a touché la terre.

— Eh bien! croiriez-vous, mère Gotte, dit Yves
Mahé après le silence qui suivit ce récit, croiriez-
vous que j'ai eu toutes les peines du monde pour le
faire sortir? Le temps pressait : quelques instants
de retard pouvaient avoir un effet fatal; n'importe,
il fallut qu'il rentrât dans la maison.

— Ne devais-je pas, capitaine, dire un adieu à

ce pauvre Joël que nous ne pouvions pas remmener?

— Aussi nous avons prié à deux genoux pour lui.

— Ensuite ne me suis-je pas dépêché de prendre tout ce que j'avais promis à Notre-Dame de Bon-Secours? Enfin je voulais dire adieu à cette maison où j'aurais dû périr, et d'où la miséricorde divine et votre pardon, capitaine, me faisaient sortir vivant.

— Et vous n'y retournerez plus! — dirent tous les convives en portant à Guénolé une santé générale. Ainsi finit le dîner et le récit attendu si impatiemment : le lendemain il l'ajouta à son journal, qui reste comme un monument dans la famille. Il le relit quelquefois, et cette lecture se fait à voix haute quand on est content d'Alix et de Corentin, et ils y puisent souvent une bonne leçon.

Enfin la petite société ne se sépare plus : Guénolé est pilote lamaneur avec Alain; Alix et son frère grandissent près du capitaine, qui a renoncé aux voyages de long cours, tandis que Gotte et le père Mahé vieillissent heureux au milieu de toute cette joie de famille.

FIN.

TABLE

—

FIN DE LA TABLE.

Limoges. — Imp. Eugène Ardant et Cie.

WALTER SCOTT

LE PIRATE

NOUVELLE ÉDITION

TRADUCTION REVUE

LIMOGES

EUGÈNE ARDANT ET Cᵉ, ÉDITEURS.